용서하다

Cet ouvrage a bénéficié du soutien des Programmes d'aide à la publication de l'Institut français.
이 책은 프랑스문화진흥국의 출판 번역 지원 프로그램의 도움으로 출간되었습니다.

Pardonner

용서하다

자크 데리다 지음
배지선 옮김

이숲

일러두기

* 이 글은 언어에 관한 분석이 조밀하고 불어 외의 다른 언어들이 사용됐는데 필요한 경우 언어간 유사점과 차이점을 드러내고자 원어를 괄호에 넣어 표기했다.

* 각주에 인용된 문헌은 원본의 서지 사항을 적고 독자의 이해를 돕기 위해 괄호에 제목 등 번역을 넣었다. 다만, 본문에 표기된 서지 사항은 한국어 표기법을 따랐다. 이후 반복되는 서지 사항은 한국어로만 표기했다.

* 이 책에는 아무 표시가 없는 데리다의 각주, 참고문헌을 보충하거나 해석 없이 사용한 외국어를 번역한 원본 편집자 각주(N.d.É), '옮긴이'로 표시된 역주, 독서의 편이를 위해 본문의 불어나 외국어를 아래쪽으로 옮긴 각주 등이 있다.

원본의 일러두기

이 글은 1997년 크라쿠프 대학, 바르샤바 대학, 아테나 대학의 강연과 1998년 남아프리카 공화국의 케이프 타운, 웨스턴 케이프 대학과 예루살렘 대학의 강연에서 비롯됐다. 데리다는 '책임의 문제(1991-2003)[1]'라는 주제로 여러 해 동안

---

1) 1991-2003년 세미나는 데리다의 마지막 세미나가 된다.
책임의 문제 I: 대답하다. 비밀에 대해(Questions de responsabilité I. Répondre. Du secret, 1991-92)"
책임의 문제 II: 증언(Questions de responsabilité II. Le témoignage, 1992-93),
책임의 문제 III: 증언 (Questions de responsabilité III. Le témoignage, 1993-94)
책임의 문제 IV: 증언(Questions de responsabilité IV. Le témoignage, 1994-1995)
책임의 문제 V: 적대/환대(Questions de responsabilité V. Hostilité/hospitalité, 1995-96)
책임의 문제 VI: 환대(Questions de responsabilité VI. Hospitalité, 1996-97)
책임의 문제 VII: 위증과 용서(Questions de responsabilité VII. Le parjure et le pardon, 1997-98)
책임의 문제 VIII: 위증과 용서(Questions de responsabilité VIII. Le parjure et le pardon, 1998-99), 이 세미나 일부가 『페이퍼 머신(*Papier machine*)』(2001)에 실렸다.
책임의 문제 IX: 사형(Questions de responsabilité IX. La peine de mort, 1999-2000)
책임의 문제 X: 사형(Questions de responsabilité X. La peine de mort, 2000-01).
책임의 문제를 주제로 한 11번째(2001~02)와 12번째(2002~02) 세미나에서 그는 이 주제의 마지막 단계로 '짐승과 주권(La bête et le souveraine)'을 다룬다. 데리다가 오래전부터 철학, 철학의 역사 자체와 밀접한 관련이 있는 동물과 동물성에 관해 애정과 관심이 있었음을 생각할 때 당연한 귀결이라 할 수 있다. 이 같은 흔적을 그의 글 곳곳에서 볼 수 있다. 예를 들면, 장켈레비치의 중요하고 논쟁적인 글들의 논평을 중심으로

사회과학고등연구원에서 세미나[2]를 진행했는데, 이 강연은 그 중 '위증과 용서'(1997-99)라는 세미나의 첫 번째(1997년 11월 12일) 강의와 거의 비슷하다.[3] 그때까지 불어로 출판되지 않았던 데리다의 글을 마리 루이즈 말레와 지네트 미쇼가 책임 기획하여 『카이에 드 에른, 자크 데리다(Le Cahier de L'Herne, Jacques Derrida)』(Paris, L'herne, 2004)에 '다르게 생각하다 ─불가능의 가능성(Penser autrement – La possibilité de l'impossible)'이라는 제목으로 묶어 내는데, 그중 하나로 먼저 출간됐다.[4]

<hr>

홀로코스트와 용서의 문제를 사유하는 이 글에서도 '동물들'을 만나게 된다. "사형"과 "짐승과 주권"에 대한 세미나는 이미 출간됐고, 다른 세미나의 출판은 기획·진행 중이다. 옮긴이.

2) 데리다는 1960-64년 소르본에서 강의한 후, 1964-84년 고등사범학교에서 강의했고 1984년부터 그의 생애 마지막까지 사회과학고등연구원에서 강의했다. 위 역주에서 설명한 세미나보다 먼저 사회고등연구원에서 진행한 1984-88년 세미나는 '철학적 국적과 민족주의(Nationalité et nationalismes philosophiques)'라는 큰 주제 아래 매년 다음과 같은 주제로 진행됐다. '타인의 유령(Le fantôme de l'autre)', '비교문학과 비교철학(Littérature et philosophie comparées)', '신학-정치학(Théologie-Politique)'[이 세미나의 일부가 「언어의 시선(Les yeux de la langue)」, 『카이에 드 에른. 자크 데리다』(Paris, L'herne, 2004)에 게재됐다], '칸트, 유대인, 독일인(Kant, le Juif, L'Allemand)'. 1988-91년 진행된 세미나의 큰 주제는 '우정의 정치(Politique de l'amitié)'였고, 첫해에는 부제 없이 진행됐는데, 이 세미나의 일부가 1994년 갈릴레 출판사에서 같은 제목으로 출간됐다. 이어진 세미나의 주제는 '타자를 먹다(Manger l'autre)', '카니발리즘의 수사학(Rhétorique du cannibalisme)'이었다. 이후 1991년부터 진행된 세미나의 제목이 '책임의 문제'이다. 옮긴이.

3) 이런 이유로 이 글은 무엇을 연구하게 될 것이라는 문장을 포함한다. 옮긴이.

4) 「언어의 시선(Les yeux de la langue)」「거짓말의 역사. 머리말(Histoire du mensonge. Prolégomènes)」「증언의 시학과 정치학(Poétique et politique du témoignage)」「용서하다: 용서할 수 없음과 시효 없음(Pardonner: l'impardonnable et l'imprescriptible)」「'마땅한' 번역이란 무엇인가?(Qu'est-ce qu'une traduction 'relevante'?)」「위증, 아마도(Le parjure, peut-être)」6편이다. 옮긴이.

Pardon,[1] 네, Pardon.

방금 저는 불어로 "Pardon"이라고 말했습니다.

아마도 여러분은 지금으로써는 이에 대해 거의 아무것도 이해하지 못하실 겁니다.

---

1) Pardon: '파르동'이라고 발음하는 이 불어 단어의 뜻은 '용서'다. 불어와 다른 언어에서 이 단어의 '동음이의어' 존재 가능성을 언급한 다음 데리다는 바로 'don(기증, 드림, 줌, 아래 역주 참조)'에 대한 설명을 시작한다. 불어 단어 '용서'를 'par don(혹은 par-don)'으로 나눠보면 데리다의 의중을 짐작할 수 있다. 'par(파르)'는 '~로'라는 뜻이 있는데(이와 관련해, 이 글의 후반에는 퐁주의 「파블(Fable: 지어낸 이야기)」이 분석된다), 결국 용서를 이렇게 분절해 의미를 따져보면, '기증(드림, 줌)으로'라는 의미가 된다. 물론, 여기서 'don'의 모든 의미를 포괄해야 한다. 나아가 용서(pardon)와 기증(don)은 서로 비슷한 만큼 다르며 데리다는 이런 공통점과 차이를 때로 선명히 하거나 때로 포괄하면서 사유를 계속한다. 이런 그의 의도는 'don'을 언급하자마자 드러난다. 데리다는 이 같은 생각을 '책임의 문제 7번째와 8번째' 세미나에서 '위증과 용서(Le parjure et le pardon)'라는 부제로 1997-99년, 2년간 다룬다. 불어에서는 명사인 용서(pardon)를 다른 동사와 함께 써서 구하다, 요구하다, 청하다(demander), 주다(donner), 동의하다, 부여하다(accorder)라고 말한다. 본문에서 데리다가 언급하는 것처럼 정관사와 부정관사의 사용과 의미의 변화는 무관하지 않다. 옮긴이.

"Pardon."

단어죠, Pardon, 이 단어는 명사입니다. un pardon 그리고 le pardon[2] 이렇게 말합니다. 불어의 명사입니다. 비록 이 단어는 라틴어지만 ―혹은 이리저리 이어진 유래에서 라틴 기원이지만(에스파니아어 person, 포루투칼어 perdâo, 이탈리아어 perdono), 이 단어와 거의 비슷한 상태로, 거의 비슷한 의미와 적어도 비슷한 용례들로 동음이의적 대응어를 다른 언어에서도 찾을 수 있는데, 예를 들어 영어(앞으로 구체화하게 될 여러 맥락에서 'pardon')에서 찾을 수 있습니다. 이 단어의 라틴 기원에서 그리고 오늘 이 기원을 직접 살피기에는 너무 복잡한 방식에서 don[3] 기증과 donation[4] 증여에 관한 준거를 발견할 수 있습니다.

2) 불어 le는 정관사, un은 부정관사이다. 옮긴이.

3) 데리다는 다른 두 단어, 즉 pardon(파르동)과 don(동)의 소리, 뜻, 어원, 사용의 유사성에 주목하며 강연을 시작한다. 다양한 의미 범주의 'don'의 대략적 뜻을 살펴보면 다음과 같다. 첫째는 '주다, 내어주다, 넘겨주다, 제공하다, 포기 및 양보하다'의 의미로, 기여, 증여, 기증, 기부 등을 생각할 수 있다면, 다른 한편으로 받은 것으로서 혜택, 은총, 은혜, 관용 등 서로 다른 성질이지만 무언가 이로운 것으로 (누군가에게서) 받은 것을 뜻하며, 장점, 능력, 재능, 실력, 타고난 성품이나 소질 등의 의미에서 받은 것을 포괄하고, 나아가 이런 재질 중에서도 '신'에게 받은 선물로서의 천성, 재능이라는 뜻도 있다. 따라서 '어떤 목적(성)'을 내포하는 '선물'은 주어진 대상 자체를 포괄하고 준다는 행위를 강조한다고 해도 의미가 다소 축소된다. 따라서 여기서는 '무언가를 거저 주다, 드리다'의 뜻으로 명사 '기증(寄贈)'을 택한다. 여기서, 기증은 '무언가를 거저 주다, 드리다'의 명사형 드림', '줌'의 뜻이다. 옮긴이.

4) '선물하다, 주다, 거저 주다'의 뜻에 더해, '증여(贈與)'의 계약, 법률적 의미로 이 단

10

그리고 우리는 '기증'의 문제와 여러 아포리아[5](예를 들어 『시간을 주다*Donner le temps*』, 특히 마지막 장 「해명과 용서L'excuse et le pardon」에서 제가 형식화를 시도했던 아포리아[6])를 한 번 이상,[7] 이를테면 용서pardon의 여러 문제와 아닌-문제, 비슷할 뿐 아니라 서로 연결된 이 같은 아포리아[8]로 옮겨 가기 위해 미뤄야 할 듯합니다.

그러나 기증과 용서의 유사성을 그대로 수용해도 안 되고, 그 필요성을 간과해도 안 됩니다. 그보다는 이들 유사성의 유기적 연결을 시도해보고, 이것이 어느덧 타당하지 않게 되는

어를 선택한다. 옮긴이.

5) aporia: 하나의 명제에 대해 증거와 반증이 동시에 존재하므로 그 진실성을 확립하기 어려운 상태.

6) «Don et le contre-don, l'excuse et le pardon(기증과 반-기증, 해명과 용서)», *Donner le temps 1. La fausse monnaie*(위폐), Paris, Galilée, 1991, p. 139 sq. (N.d.É)

7) 데리다는 '해체'를 직접 정의한 적은 없고 왜 이런 일이 '불가능'한지 번역의 문제와 함께 설명한 적은 있다(Cf. «Lettre à un ami japonais(일본인 친구에게 쓴 편지)», *Psyché*(프쉬케, 정신, 영혼) Paris, Galilée, 1987). 그래도 그는 다소 비유적으로 이 개념을 이해할 수 있게 해주는 말, 이를테면 유사어를 여러 번 말한 적이 있다. 그중 하나가 '하나 이상의 언어(plus d'une langue)'이다. 데리다는 "해체에 대해 단 하나의 정의를 내리는 위험을 감수한다면, 문장 없이 하나 이상의 언어라고 하겠다."[*Mémoires pour Paul de Man*(폴 드만을 위한 기억), Paris, Galilée, 1988, p.38]라고 했다. 데리다는 '하나 이상'이라는 표현을 '몇몇', '여러 번', '다수' 등의 표현보다 더 자주 사용하는데, 상황에 따라 별로 일상적이지 않은 이런 표현이 더 정확할 수 있어 보인다. 옮긴이.

8) 데리다는 글쓰기에서 부호 사용에 주의를 기울인다. 그는 '붙임표(-)'를 임의로 사용하지 않는데, 이 책의 뒷부분에서 이에 관해 설명한다. 옮긴이.

시점까지 주시해야 합니다. 이 둘 사이에는, 기증과 용서, 기증에 의한 기증don par don에는 원칙적 무조건성 외에도 최소한 시간, 시간화의 움직임과 본질적인 관련이 있다는 상관성 혹은 연관성이 있습니다. 그런데 어찌 보면 흘러가지 않는 과거와 연결된 용서의 경험은 현재, 출현이나 현재의 현존에 통상적으로 부여되는 기증의 경험으로 환원될 수 없습니다.

제가 '용서나 기증의 경험'이라고 말하기는 했으나 '경험'이라는 말이 함부로 혹은 너무 서둘러 쓴 것처럼 보일 수 있습니다. 우리가 고려해야 할 바로 그 해결할 수 없는 아포리아 때문에 용서와 기증은 일반적으로 '경험'이라고 부르는 것, 즉 의식이나 존재에 '용서, 기증으로 출현'하거나 그렇게 재현되지 않는다는 공통점이 있습니다. 여러 아포리아 중 하나만 예를 들어봅시다. 충분히 줄 수 없게, 충분히 환대할 수 없게, 제가 주는 현재와 제가 베푸는 이 대접에 제가 충분히 현존할 수 없게 하는 아포리아 때문에, 저는 주지 않아서, 결코 충분히 주지 않아서, 충분히 베풀거나 대접하지 않아서 항상 용서받을 일이 있을 것 같습니다. 아니, 저는 이것을 확신합니다. 기증에 관한 한 우리는 무언가 늘 잘못했고, 늘 용서받을 일이 있습니다. 주지 않아서, 충분히 주지 않아서 용서받을 일이 있다면, 우리는 또한 이 일로 자신이 유죄라고 느낄 수 있고 그래서 오히려 우리는 뭔가를 줘서 용서를 구해야 한다고 생각할 수 있다는 겁니다. 우리가 준 것 때문에 구하는 용서, 그리고 이것은 어쩌면 내가 준 것에 대해 감사하는 마음을 가지라고 상대에게 호소하는 일, 다시 말해 일종의 독, 무기, 주권의 확인, 더 나아가 강력한 힘의 실력 행사 같은 일[9]이 될 수도 있다는 사실을 인식하는 순간, 아포리아는 더 심각해집니다. 최근에 우리는 '주다-갖다'의 논리를 길게 강조했는데, 우리는 늘 주면서 얻습니다.[10] 따라서 '선험적으로' 기증 자체에 대해 용서를 구해야 하

9) 여기서 데리다는 인정에 대한 호소와 독, 무기, 주권과 전능에 대한 인정과 확인을 같은 위치에 두는데, 바로 다음 문장에 나오는 '주다-갖다'의 논리와 관련 있다. 기증은 기증인 동시에 기증에 대한 기증이다. 독과 선물, 좋은 기증과 나쁜 기증은 동시적이다. 즉 결정 불가능하다. 옮긴이.

10) 데리다가 암시하는 '주다-갖다'의 논리를 간략하게 말하자면 '기증의 불가능성'이다. 기증은 주고받는 교환 경제에 속하지만, 이런 경제 체제와 단절하고 이 체제에 혼란을 일으킨다는 조건에서만 의미가 있다. 나는 내가 주는 상황, 내가 베푸는 바로 그 시간에 온전히 있을 수도 없고 있지 않을 수도 없다. 내가 준다는 사실을 인식하는 한 나는 주지 않는다. 기증은 이런 인식을 바탕으로 감사의 말이든 인정이든 무언가를 받을 기대, 그리고 의식적이든 무의식적이든 그런 인식이 있다면, 즉 내가 주고 있음을 내가 인식하고 있다면 기증이 아니다. 따라서 나는 충분히 기증하고 있지 않다. 용서를 구한다면, 나는 나 자신의 주체성이나 어떤 특성, 유일성, 내가 주고 있는 이 순간과 행위의 유일성, 즉 나의 절대적 주권을 주장하는 셈이다(바로 앞 문장을 이런 의미에서 이해할 수 있다). 다르게 말해, 기증은 '불가능의 형상', '절대적 잊음'이다. 이런 모순 구조는 '언어'의 구조이기도 하다. 여기서 언어는 구어와 문어, '이디옴(idiome: 민족이나 국가와 같은 공동체의 고유한 언어와 어느 지역 혹은 정치적·행정적 단위와 독립적인 공동체, 나아가 개인의 언어 사용)'을 포괄한다. 언어의 주다-갖다의 논리에 대한 데리다

고, 기증과 기증에 항상 똬리를 틀고 있는 주권이나 이 주권의
욕망에 대해 용서를 구해야 합니다. 그리고 더 근본적으로 나
아가 그 자체가 주권의 확인이자 지배권 확인이라는 고질적
양면성을 포함할 위험이 있는 용서 자체를 용서받게 해야 합
니다.

바로 여기에 우리를 기다리고 호시탐탐 노리고 있을 균
열—피해야 할 사고事故 같은 것이 아니라, '기증'이나 '용서'
라고 부르는 무언가 그 자체의 바닥, 그 끝없는 바닥 같은 균
열이 있습니다. 이처럼 용서 없이 기증도 없고 기증 없이 용서
도 없지만, 이 둘은 절대 같은 것으로 환원되지 않습니다. 제
가 알기로 그리스어에는 없지만(고대 그리스 문화에서 엄격한 의
미의 용서가 존재하는지 아닌지 살펴봐야 합니다. 이것은 중요하고
예민한 문제입니다), 라틴계 언어에서 뚜렷한 기증don과 용서
pardon 사이 언어적 연관은 다른 언어, 예를 들어 영어와 독일
어에서도 확인할 수 있습니다. 영어에는 'to forgive, forgiveness,

의 설명은 *Donner le temps*(Paris, Galilée, 1991)을 참고할 수 있다. 언어는 사용될 뿐
아니라 '기증'된다. 나는 타인에게 언어를 배우고 받고 타인의 언어를 가짐으로써 다시
타인에게 준다. 이처럼 주고받는 구조가 무한 반복된다. 그러나 언어는 제도로 축소될
수 없다. 이와 달리 기증은 제도화의 위협에 항상 노출돼 있다. 기증의 제도화는 기증을
필연적으로 변질시키며 어떤 희생(물)을 요구하게 된다. 옮긴이.

asking for forgiveness용서하다, 용서, 용서를 구하다', '용서하다 to forgive'와 '잊다to forget'에서 '주다to give'와 '얻다(to get, 영어의 이 기상천외한 단어에 관해서는 몇 년에 걸쳐 세미나를 해야 할 겁니다)'를 대립시킬 겁니다. '용서하다'는 '잊어버리다'가 아닙니다. 물론 전혀 다른 문제입니다. 독일어에서 '용서하다Verzeihen'가ㅡ '용서Verzeihung', '누군가에게 용서를 구하다 jenen um Verzeihung bitten'ㅡ더 일반적이더라도(헤겔은 『정신현상학Phänomenologie des Geistes』에서 이 말을 사용합니다. 이 책에 관해서는 다시 이야기할 겁니다), 해명이나 변명의 의미에서 '사과 (실례Entschuldigung)'를, 그리고 '용서 가능-해명 가능'의 양가적 의미, 즉 빚이 문자 그대로 '해소될 수 있는' '경감된' '면제된'이라는 의미에서 '용서할 수 있음entschuldbar'을 자주 사용하기는 하지만, 독일어에는 기증don과 용서pardon의 연관성을 보존하는 어휘 계통이 있습니다. Vergeben은 '용서하다', '나는 용서를 빕니다ich bitte um Vergebung'라는 의미지만, 일반적으로 엄숙한 상황, 나아가 영적이거나 종교적인 상황, '용서하다 Verzeihen'나 '사과, 변명, 해명하다entschuldigen'보다 덜 일상적인 상황에 한정적으로 쓰입니다.

　'용서'라는 단어의 모든 사용, 즉 일상적이고 가벼운 사용과(가령 엘리베이터에서 나오면서 누군가의 앞을 지나갈 때 가볍게 구하는 '용서')[11] 진지하고, 사려 깊고, 강한 사용은 분명히 서로 무관하지 않습니다. 각각 매우 다른 상황에서 사용하는 이런 모든 표현 형태의 연관성은 지금 우리가 살피는 문제 중 하나로 의미론적(용서에 단 하나의 개념이 있을까요?) 문제이자 언어 행위나 전前 언어 혹은 과過 언어 행위의 실질적 문제입니다. 이런 어휘 계통Vergeben, Vergebung, Vergabe의 사용은 더 유연하고, 애매하고, 도착적이지만, 'Vergebung용서이자 기증'에는 더 빈번하게(그러나 이런 빈도와 확률은 바로 맥락과 사회적 제스처의 실용적 문제입니다), 더 예측 가능하게, 과오의 종교적(여기서는 코란-성경적, 즉 아브라함적) 사면의 의미가 있습니다. '자신의 명예를 손상하다, 체면을 깎다sich etwas vergeben('자기 평판을 위태롭게 하다' 혹은 '나쁜 일에 말려들다')라는 문장을 보면, '용서하다Vergeben'는 잘못 줌, 기증의 부패를 의미할 수도 있고,

---

11) 불어에서는 실례를 범한 상황에서 혹은 그럴 수 있을 상황에서 양해를 구하는 표현, 거의 형식적이거나 습관적인 표현으로 '용서'라는 명사를 쓴다. 한국어로 '실례', '실례합니다' 정도의 표현이다. 이 명사는 한편으로 정중하고 공식적인 표현일 수 있지만, 또 다른 한편으로 일상적인 언어 표현에서 주의를 환기하거나 말을 반복할 때, 가벼운 양해의 표현, 더 나아가 모든 상황에서 거의 습관적일 만큼, 다양한 상황에 쓰인다. 종교적 어감도 있다. 데리다는 이 강연에서 불어의 다양한 표현 수위, 즉 고상한 말, 일상어, 구어에 이르는 다양한 용법을 환기한다. 옮긴이.

'Vergabe증여, 증여'는 주어진 시장, 경매를 의미하기도 합니다.

'Pardon'은 명사입니다. 이 명사 앞에 정관사나 부정관사를 붙일 수 있고, 이 명사를 서술문에서 주어로 쓸 수 있습니다. 예를 들어, '용서는 이것 혹은 저것이다' '용서는 누군가 혹은 어느 기관에 의해 요청됐다' '용서가 주어지거나 거절됐다' 같은 문장을 쓸 수 있습니다. 또는 '프랑스에서 제2차 세계대전 중 유대인 억압에 관해 대주교, 경찰, 의사들이 구한 용서'나 '대학이나 바티칸이 아직 빌지 않은 용서' 같은 문장을 쓸 수 있습니다. 이들 문장에서 '용서'는 서술적, 혹은 이론적인 형태로 사용된 명사입니다. 용서를 이론적으로 다루면서 행위자들(강연자와 그 청중)이 용서를 구하거나 하는 경우가 아니라면, 용서에 관한 담론에 집중할 수도 있는데, 지금 우리는 바로 그런 작업을 해보려고 합니다(여기서 용서는 지식의 지평에서 다룰 주제 혹은 이론적 문제의 이름이 됩니다).

그런데 제가 '용서'라고 말하면서 강연을 시작했을 때, 여러분은 제가 용서를 구하는지 혹은 그런 의미로 '사용하지 않고', 어떤 문제의 제목으로 용서를 '언급하는지' 몰랐고, 지금도 여전히 알지 못합니다. '용서'라는 단어에 느낌표가 있든 없든, 만약 맥락이 이 단어를 지시하지 않는다면, 설령 구체적인 수행성이 명시돼 있지 않더라도, 모든 암시적 문장, 수행적 문장, 즉 "용서! '당신'께 용서를 구합니다. 저를 용서해주시기를 '당신(여러분)'께 간절히 청합니다. 날 용서해주길 '너'에게 간절히 바라. 용서해주세요, 간절히 부탁합니다. 용서해줘, 간절히 부탁해." 같은 문장을 어림짐작할 수 있기 때문입니다.

　방금 저는 용서를 구하는 여러 표현을 마치 딴 이야기처럼 나열하면서 '너'와 '당신(여러분)'의 차이에 주목했습니다. 한동안 유보된 상태로 남아 있을 질문이자, 모든 것이 이 질문에 좌우될 문제를 지목하고 알리기 위해서입니다. 레비나스는 타자의 무한 초월성을 지워버릴 위험이 있는 과도한 근접성이나 친근함, 더 나아가 융화를 의미할 소지가 있는 마틴 부버의 '너'보다 존중이나 거리를 뜻하는 '당신'이라는 표현이 더 바람직하다고 했습니다. 레비나스가 말한 이런 의미의 '당신'이 아니라, "당신(여러분)께 저를 용서해주시기를 간청합니다. 용서해주세요."라고 말할 때 '당신'이 집단적이고 복수인 '여러분'이라면, 결국 '집단적' 용서의 문제가 됩니다. 집단적 용서의 문제는 한 그룹의 주체, 타인, 시민, 개인 등에 관련되거나, 그보다 더 복잡하게 (이 복잡성은 용서 문제의 핵심인데) 간청이나 시기의 다중성, 간청이나 순간의 다중성, '나'의 내면에 있는 하나 이상의 '나'와 관련됩니다. 누가 용서하는가? 누가 누구에게 어떤 시기에 용서해달라고 하는가? 누구에게 이런 '권리'나 '권력'이 있는가? 누가 누구를 용서하는가? '누구'는 여기서 '무엇'을 의미하는가? 언제나 이런 것들은 거의 문제의 궁극적 형태일 테고, 대개 문자 그대로 거의 불가해한 문제 형태 중 하나일 겁니다. 그러나 이 문제가 아무리 어려워 보여도 이것이 궁극적 질문일 수는 없을 것 같습니다. 이 문제에 앞선 질문, 우리가 그 질문의 결과나 영향과 한 번 이상 직면하게 될 질문은 바로 '누구' 혹은 '무엇'이라는 것입니다. '누구를' 용서하는지('저질러진 잘못에 대해 누군가를 용서하다'라는 뜻입니다. 예를 들어 위증이 있겠습니다만, 저는 잠시 후 저질러진 잘못, 모욕, 피해, 악은 어떤 의미에서 언제나 위증임을 밝히고자 합니다), '누구를' 혹은 '누구에게 무엇을' 용서하는지, 어떤 방식으로든 이 질문은 잘못과 과거 잘못이 저질러진 순간과 결코 전적으로 혼동되지 않으며, 심지어 일반적 의미의 과거와도 전혀 혼동되지 않습니다. 이 문제는 —'누구' 혹은 '무엇'— 수많은 형태로 용서의 언어를 끊임없이 침범하고, 회의적 문제들을 증가시키면서 단지 용서의 언어만이 아니라 더 많은 언어를 혼란스럽게 할 겁니다. (요구한, 희망한, 동의했거나 그렇지 않은)

용서의 경험, 용서의 적절한, 적절해질 수 있는 진정한 경험의 불가능성이 아마도 얼마쯤은 '누구'와 '무엇' 대립의 종결과 그런 종결의 역사와 그 역사의 지나간 역사성의 종결을 통보라도 하듯이 '누구'나 '무엇'의 문제는 우리가 '누구'와 '무엇'의 대립이 내포한 의미를 결국 의심하거나 유보할 수밖에 없게 하면서 혼란을 일으킬 겁니다.

'날 용서해줘'에서의 용서와 '(당신 혹은 여러분) 저를 용서해주세요'에서의 용서나 '(당신 혹은 여러분) 우리를 용서해주세요'에서의 용서 혹은 '우리를 용서해줘'에서의 용서(본질적으로 다른 네 가지 가능성, '누구'와 '무엇'의 모든 다른 교집합에 따라서 다양화해야 할 단수와 복수의 용서와 관련한 각기 다른 모든 여건은 정말 많습니다), 오늘 마주친 이 난해한 질문의 가장 두드러지고 가장 쉽게 확인할 수 있는 형태부터 살펴볼 참인데, 그 형태는 바로 '복수인 단수'입니다. 즉 '하나지만 그 이상인 대상, 그룹이나 집합, 공동체에 '용서'를 구할 수 있는가, 그럴 권리가 있는가, 과연 그것은 용서의 의미에 부합하는가'라는 문제입니다. 유일한 잘못이나 범죄에 그 피해 당사자가 아니라 타인에게 사죄하거나 피해자가 아닌 다른 사람이 그 가해자를 용서할 수 있을까요? 바로 여기에 우리를 쉴 틈 없이 둘러쌀

수많은 아포리아 중 첫 번째 아포리아가 있습니다.

어찌 보면 바로잡아 회복할 수도 없고 되돌릴 수도 없는 악행을 저지른 자와 그 악행의 피해자가 된 여성이나 남성이 중재 없이 '일대일'로 대면한다는 조건에서만 용서를 빌거나 용서해줄 수 있고, 피해 당사자만이 용서의 요청을 들어주거나 거절할 수 있을 듯합니다. 용서의 장에서 오로지 두 당사자만이 마주해야 한다는 여건은 이름 없는 피해자 전체, 때로는 이미 죽은 익명의 피해자들이나 그들의 대표, 자손 혹은 생존자들에게 어떤 공동체, 교회, 기관, 조합의 이름으로 집단적으로 구하는 용서의 의미와 진정성을 박탈하는 듯합니다. 이와 마찬가지로 용서의 두 당사자 간 절대적 고립성, 더 나아가 거의 용서의 비밀이라고 할 수 있는 것은 법적 권리, 징벌과 형벌, 공공기관, 사법적 전략의 지배에서 용서의 경험을 기이한 경험으로 만듭니다. 블라디미르 장켈레비치가 『용서Le pardon』에서 이 점을 정당하게 일깨우듯이 죄의 용서는 형법 논리에 대한 도전입니다. 용서가 형법 논리를 넘어서는 곳에서 용서는 모든 사법 공간에 생소한데, 이것은 전쟁 후 반反 인류 범죄 개념이 출현하고, 1964년 프랑스에서 반 인류 범죄에 대해 시효를 인정하지 않는 법이 생긴 사법 공간에서도 마찬가지일 겁니다. 시효 없음이 '용서할 수-없음'[12]을 뜻하지는 않습니다. 이제, 저는 우리가 끊임없이 상기해야 할 비판적이자 문제적인 지점들을, 너무 이른 감이 있기는 하지만 그래도 제시해보겠습니다. (비록 문제시되는 영역에서 이에 관한 기록이 버젓이 남아 있는데도 바티칸이나 대학은 아직도 거의 이런 표명을 하고 있지 않지만) 오늘날 프랑스에서는 (교회, 경찰 협회, 의사 협회 등의) 반성을 담은 공개적 발표가 늘어나고 있고, 이에 앞서 여러 나라에서 다양한 형태와 리듬에 따라, 어떤 유사한 제스처를 통해 실행된 성명들, —과거의 어떤 피해자들에게 사과한 일본 총리 혹은 바츨라프 하벨, 아우슈비츠 해방 50년 기념일 즈음 성찰에 임했던 독일과 폴란드의 주교들, 남아프리카 공화국에서 시도된 화해, 특히 우리가 앞으로 그 역사, 원칙, 문제점들을 공부할 '진실과 화해 위원회Truth and reconciliation commission'를 중심으로 시도된 화해[13]— 이 모든 (국가적이든 아니든) 공식

---

12) 원어는 'l'im-pardonnable'이다. l'im-possible(불-가능성)과 같은 맥락에 있다. 불-가능성은 가능성과 불가능성에 걸쳐 있으며, 가능과 불가능의 의미를 묻고 나아가 불가능만이 가능하다는 의미를 내포한다. 용서할 수 없는 것과 용서의 관계, 용서의 본래적 의미를 환기하는 역할을 '-'이 하고 있다. 'im-'에 관한 데리다의 설명을 책의 후반부에서 확인할 수 있다. 옮긴이.

13) J. Derrida, séminaire «Le parjure et le pardon(위증과 용서)», 1998-1999, Paris, EHESS, séance, 1,2 et 3(1998-99년 고등사회연구원 세미나 1, 2, 3회) ; et

22

표현, 그리고 대개 '사죄 요청'인, 정치사에서 새로운 이 같은 모든 표명은 1945년 뉘른베르크의 사법적 개념, 여태껏 알려 지지 않았던 '반 인류 범죄'라는 개념을 제정, 고안, 창설했던 역사적·사법적 배경에서 발현되기 때문입니다. 그러나 이 모든 담화와 논평에서 강조되는 용서—혹은 용서 불가—의 개념은 범죄의 시효와 시효 없음을 동시에 규제하는 사법이나 형법 영역에 여전히 무관한 상태로 남아 있습니다. 용서와 용서 불가의 비사법적 영역이 법의 관례적인 추론을 유보하거나 중단하는 지점에서 같은 법에 귀속되고 그 논의가 포함되지 않는 한 이 영역은 사법이나 형법 영역에 대해 무관합니다. 이 점이 여러 어려움 중 하나입니다.

<hr>

«Versöhnung, ubuntu, pardon: quel genre?(화해, 우분투, 용서. 어떤 장르인가?)», publié dans Barbara Cassin, Olivier Cayla et Philippe-Joseph Salazar(dir.), Le Genre humain(휴먼 장르), n° 43, «Vérité, réconciliation, réparation(진실, 화해, 치유)», Paris, Le seuil, 2004, p. 111-156. (N.d.É.) 바로 위의 원본 편집자주가 설명하듯이 이 글과 같은 세미나의 두 번째 해(1998-99) 초반부에 데리다는 '진실과 화해 위원회'를 다뤘고 이 글을 '화해, 우분투, 용서. 어떤 장르인가?'라는 제목으로 출간한다. '우분투'는 남아프리카 공화국의 인간에 대한 개념으로 '나는 우리 모두의 공통 존재 덕분에 나이다', 즉 나는 다른 모두가 인간이기에 인간이라 할 수 있다는 뜻이다. 또한, 데리다가 세상을 떠난 2004년, 그는 이와 거의 비슷한 내용을 리우데자네이루에서 "용서, 진실, 화해: 어떤 장르인가?(Le pardon, la vérité, la réconciliation: quel genre?)"라는 제목으로 강연했다. 옮긴이.

『용서』 이후 장켈레비치는 『시효 없음L'imprescriptible』[14]이라는 책을 출간합니다. 이 책의 첫머리에는 제게 의미 있는 도발로 보이는 역설적 이해를 품은 시구가 인용돼 있습니다. 평안, 정확하게는 땅 위의 평안과 용서를 대립 관계로 설정한 역설적 이해를 보여주는 폴 엘뤼아르의 시 한 구절입니다. 엘뤼아르는 말합니다.

우리가 도살자들을 용서할 수 있는 한

이 땅에 평안은 없다.

우리는 늘, 그리고 이것은 우연이 아닙니다만, 용서를 속죄, 평안, 구원, 화해와 결부하곤 합니다. 엘뤼아르의 시구는 최소한 자백, 후회 혹은 회한, 희생과 속죄를 매개로 용서를 화해의 지평, 구원과 평안의 기원에서 절대 분리하지 않으려는, 용서

---

14) 1948, 1956, 1971년의 각각 다른 에세이와 대담을 수록한 이 책은 장켈레비치가 죽은 지 1년 뒤 1986년에 쇠유(Seuil)출판사 '포앵(Points)' 총서에서 '시효 없음(L'imprescriptible)'이라는 제목과 '용서하다? 명예와 존엄(Pardonner? Dans l'honneur et la dignité)'이라는 부제로 출간됐다. 이 책은 48년 『현대(Les temps modernes)』지에 수록됐던 「명예와 존엄에서(Dans l'honneur et la dignité)」, 1956년 『시효 없음(L'imprescriptible)』과 1971년 파비용(Le Pavillon) 출판사에서 출간된 『용서하다?(Pardonner?)』를 함께 묶은 것이다. 옮긴이.

에 대한 상식이자 가장 중요한 종교적·영적 전통 ─가령, 유대교나 기독교 전통에서 벗어났다는 장점이 있습니다.

『시효 없음』에 수록된 「용서하다?Pardonner?」라는 글의 일러두기에서 ─즉 1971년에 쓴 일러두기에서 장켈레비치는 직접 그런 말을 쓰지는 않지만 일종의 회한 같은 것을 드러냅니다. 그는 4년 앞서 발표한 『용서』(1967)에 썼던 내용과 모순되는 점이 보인다고 고백합니다. 히틀러와 나치 범죄와 반 인류 범죄가 시효의 대상이 되지 않는 데 대한 토론이 있었던 1964년 프랑스의 맥락에서 이 논쟁적 글 「용서하다?」가 출간됐습니다.

장켈레비치는 명확히 밝힙니다.

용서라는 주제에 오롯이 할애한 철학 연구, 게다가 책으로 출간된 이 『용서』라는 연구서에서 '용서해야 하는가?'라는 질문에 내놓은 답은 이 글에서 제시한 답과 상충하는 것처럼 보인다. 사랑 원칙의 절대성과 사악한 자유의 절대성 사이에는 완전히 뜯어낼[15]

---

15) '뜯어진' 부분일까요, 다시 꿰맨 부분일까요? 찢어진 곳을 뜯어낼 수 있다는 것은 이 부분에 바느질 실수처럼 잘못된 부분이 있다는 뜻이니 다시 꿰매거나, 다시-바느질하거나 다시 작업해야 할지도 모른다고 ─장켈레비치가 여기서 반론하는 것─ 생각한 것일 수도 있습니다. 저는 책의 이 부분이 혹시 인쇄 사고는 아닌지 모르겠습니다.

수 없이 찢긴 부분이 존재한다. 그러나 나는 악의 비합리성을 사랑의 전능함과 조화시키려고 시도하지 않았다. 용서는 악만큼이나 강하지만, 악도 용서만큼이나 강하다.[16]

바로 여기에 토론이 시작될 수밖에 없는, 우리가 서로 토론할 수밖에 없는 견해와 논리가 있습니다. 시효의 대상이 될 수 없음에 관해 토론하면서 『시효 없음』은 용서의 불가능성과 불가함, 나아가 용서의 비도덕성으로 단호하게 끝맺습니다. 이처럼 과열되고 논쟁적인 맥락에서, 이 책은 우리가 엄격히 판별해야 할 여러 의미, 더구나 장켈레비치 자신이 "온전히 철학적인 연구"라고 부른 것에서는 그가 구분하는 것, 예를 들어 '용서', '시효', '망각'에 연속성을 부여합니다. 「용서하다?」는 "용서의 시간인가, 아니면 단지 망각의 시간인가?"라는 질문으로 시작합니다. 장켈레비치는 용서가 망각이 아닐뿐더러, 결코 망각이 돼서는 안 된다는 것을 잘 알고 있습니다. 그런데 넘치는 논쟁적 논증의 기세에서, 그리고 결국 망각을 불러올 용서의 위험을 마주하고 끔찍한 두려움을 느낀 장켈레비치는 망각해

16) V. Jankélévch, Avertissement(일러두기), «Pardonner?», *L'imprescriptible*, Paris, Seuil, p. 14-15 (N.d.É).

서는 안 된다는 이유를 내세워 용서는 '아니다'라고 말하며 이를 부인합니다. 그는 희생자들의 이름으로 용서-거부의 의무를 역설합니다. 용서하지 말아야 합니다. 용서해서는 안 됩니다. 그렇다면 우리는 다시 '불가능'이 무엇을 의미할 수 있는지 물어야 하고, 용서의 가능성이 있다면 그것은 시련과 대립하지 않는지, 즉 '불가능'의 시험에 들지 않는지 물어야 할 것입니다. 이를테면, 장켈레비치는 우리에게 불가능, 바로 이것이 죽음의 수용소에서 벌어졌던 일들에 대한 용서라고 말합니다. 그는 말합니다. "용서는 죽음의 수용소에서 죽었다."

우리가 짚어봐야 할 장켈레비치의 주장 중에서 두 가지 원칙을 강조하고 싶습니다. 이 둘은 겉으로 보기에 자명한 것 같지만 꼭 그렇지도 않습니다.

첫째, 용서는 용서가 '요청돼야만' 용서에 동의하거나 용서에 동의할 가능성을 고려할 수 있다는 원칙입니다. 따라서 명시적이든 암시적이든 (이 차이는 중요한데) 용서받아야 할 사람이 먼저 용서를 빌어야 합니다. 이는 자기 잘못을 자백하지 않는 자, 뉘우치지도 않고 명시적이든 그렇지 않든 용서를 구하지도 않는 자를 절대 용서할 수 없다는 뜻입니다. 그런데 저는 용서를 비는 것과 용서받는 것의 연관성이 당연해 보이지 않습니다. 물론, 이 관계는 여전히 그 종교적·영적 전통에 따라 유지되는 것 같습니다. 저는 이런 상호성이나 대칭성에 단절은 없는지, 용서를 비는 것과 용서를 받는 것의 구분 자체가 '용서'라는 이름에 걸맞은 모든 용서에 필요한지 생각해보게 됩니다.

둘째, 우리가 앞으로 분석할 많은 글에서 지속해서 그 흔적을 보게 될 또 다른 원칙은 범죄가 너무도 무거울 때, 근본적인 악의 경계, 나아가 인간의 경계를 넘었을 때, 이 범죄가 거대한 괴물이 됐을 때, 용서는 (이렇게 말할 수 있다면) 사람 사이에 인간의 척도에 남아 있어야 하는 만큼, 더는 용서가 문제시될 수 없다는 겁니다. 아주 강력하고 고전적인 원칙이기는 합니다만, 이 원칙에도 문제가 있어 보입니다.

언뜻 자명해 보이는 두 주장을 뒷받침하는 두 인용문을 살펴봅시다.

첫째는 '용서의 역사'를 전제합니다. 이 인용문은 용서의 역사가 맞이한 종말에서 출발하고, 이 같은 종말, 나치의 유대인 말살 계획 역사의 종말에 날짜를 지정합니다(나중에 헤겔과 함께 용서 '로서의' 역사에 대해 생각해볼 겁니다). 장켈레비치의 관점에서 볼 때 전례도 유례도 없는 절대적 예외, 유일무이했던 나치의 계획은 과거를 돌이켜 용서의 역사를 생각해보게 합니다. 용서의 역사는 그렇게 그 종결된 한계에서부터 전개되고 설명될 겁니다. 요컨대, '최종 해결책'은 (이렇게 말할 수 있다면) 역사와 용서의 역사적 가능성의 최종 해결책입니다. 더군다나 역사와 용서의 역사적 가능성이라는 두 주장은 추론에서 서로 얽혀 있어서 만약 '독일인들', '독일 민중'이라는 대상이 존재한다고 가정할 때 이들은 용서를 빈 적이 없었습니다. '용서를 구하지 않는 자를 어떻게 용서할 수 있겠는가?' 장켈레비치는 한 번 이상 묻습니다. 여기서 저는 항상 염두에 둬야 할 문제, 즉 용서의 의미를 고려한다면 용서를 구해야만 용서할 수 있느냐는 질문을 반복할 수밖에 없습니다. 우선 이 문제에 관한 장켈레비치의 강력한 몇 가지 주장을 살펴봅시다.

용서! 그런데 그들이 우리에게 용서를 요청한 적이 있던가? 단지 죄인의 낙담과 비탄만이 용서에 의미와 존재 이유를 부여할 수 있을 것이다.[17]

---

17) V. Jankélévitch, *L'imprescriptible*, p. 50-51.

위 질문의 '그들'과 '우리'는 마땅히 정의되고 설명돼야 합니다.

여러 전통에서 그렇듯이 장켈레비치에게도 죄지은 자가 용서를 구하면서 자학하고 자백하고 반성하고 자기를 고발하고, 따라서 그가 속죄하고, 이로써 구원받고 화해할 의도로 죄지은 자가 자신이 용서를 빌고 있는 상대와 동일시하는 경우에만 용서받을 수 있다는 것은 명백합니다. (용서의 관념은 바로 이런 전통에서 비롯합니다. 하지만 그것은 심지어 우리가 그 붕괴를 목격할 정도로 안에서부터 끊임없이 무너져 내리는 유산입니다. 자가당착하고 자기 소멸하고 내부에서 곪아 터지는 유산, 더 냉정하게 말하자면 스스로 '해체되는' 유산입니다) 이 전통적인 주장은 분명히 거대한 힘과 명백한 항구성을 보존하고 있습니다. 그러나 저는 이 '같은 유산의 이름으로', 같은 유산이 내포한 의미의 이름으로 이런 주장을 계속해서 부정하려 할 겁니다. 다시 말해 용서와 용서의 의미 자체에는, 만약 그럴 수 있다면, 용서를 구하지 않는 자, 즉 잘못을 뉘우치거나 자백하지도 않고 스스로 개선하거나 만회하려고 노력하지도 않는 누군가마저도 용서하라고 강하게 요구하는 어떤 힘(이 힘을 여러분이 어떤 이름으로 부르든 마찬가지입니다), 욕망, 격정, 변동, 호소 같은 것이 있습니다. 따라서 모든 것을 넘어, 동일시가 가능하고, 영적이거나 숭고하든 그렇지 않든 모든 '체제'를 초월해서, 심지어 모든 속죄를 초월해서 용서를 요구하는 힘이 있습니다. 저는 이런 의견을 잠재적 상태로 두겠습니다. 우리는 이 문제를 끊임없이 끈기 있게 다룰 겁니다. 지금으로써는 정당하다고 느낀 분노, 정의의 분노에 휩쓸린 듯 격정적인 이 글을 계속해서 인용해봅시다.

용서! 그런데 그들이 우리에게 용서를 빈 적이 있던가? 단지, 죄인의 낙담과 비탄만이 용서에 의미와 존재 이유를 부여할 수 있을 것이다. 죄지은 자가 우적우적 잘 먹고, 잘 살고, '경제적 기적'으로 부유해진다면 용서는 한낱 불길한 농담일 뿐이다. 아니다, 용서는 돼지들과 그 돼지들의 암컷을 위해 만들어진 것이 아니다. 용서는 죽음의 수용소에서 죽었다. 만약 피고가 우리에게 동정심을 일으킨다면⋯ 엄밀한 의미의 분별력이 납득할 수 없는 것에 대한 공포가 그 동정심이 발생되는 그 순간부터 그것을 억누를 것이다.[18]

_____

18) V. Jankélévch, *L'imprescriptible*, Paris, Seuil, p. 51 (NdÉ)

이처럼 제가 읽기도 싫고, 더는 인용하고 싶지도 않은 독일인들을 향한 폭력과 분노로 가득한 비판이 이어집니다. 이런 폭력이 부당하고, 장켈레비치가 용서에 관해 썼던 이전 글과도 맞지 않는다는 사실을, 장켈레비치 자신도 어느 정도 인식하고 있었음을 인정해야 합니다. 이런 감정이 정당한 분노처럼 보일 수도 있겠지만, 그는 자신이 분출하는 분노에 온당치 않게 휩쓸렸음을 알고 있습니다. 1977년 그의 대담은 이런 인식을 짐작게 합니다. 이에 관한 장켈레비치의 글, 저는 이 글을 두 가지 이유로 인용하겠습니다. 하나는 제가 여기서 시도하고자 하는 것의 이름으로 쓰일 수 있을 표현('궁극의 윤리', 더 나아가 윤리 너머의 윤리)을 드러내기 위해서, 그리고 '다른 하나'는 장켈레비치와 함께 우리가 자백하고 용서받을 길을 찾아야 하는, 다소 죄의식 섞인 긴장감을 강조하기 위해서입니다. 강경한 요구를 한계까지 그리고 그 가능성의 한계 너머까지 밀어붙이려는 궁극의 윤리, '그리고' 종교적·사법적, 나아가 정치적·심리적 용서의 의미론을 지배하는 용서의 통상적 체제, 여러 가지 인간적 감정이나 회한, 고백, 속죄, 화해, 혹은 구원의 인류–신학적 한계에 묶인 용서의 체제 간 긴장 혹은 모순입니다. 장켈레비치는 다음과 같이 고백합니다.

나는 용서에 관해 책 두 권을 썼는데, 하나는 간결하고 매우 공격적인 『용서하다?』[조금 전 우리가 인용한 책]이고 다른 하나는 철학서로서 용서 자체, 그리스도교적·유대교적 윤리의 관점에서 용서를 연구한 『용서』입니다. 이 책에서 나는 우리가 '궁극적'이라고 규정할 만한 '윤리'[데리다 강조], 용서가 궁극의 계율인 윤리를 끌어냈습니다. 다른 한편으로, 악은 언제나 그 너머에서 출현한다는 것을 드러냈습니다. 용서는 악보다 더 강하고 악은 용서보다 더 강합니다. 나는 그 둘 사이에서 빠져나올 수가 없습니다. 이것은 철학에서 변증법적이라고 규정할 만하고 내게는 무한해 보이는 일종의 영원회귀입니다. 나는 용서의 무한성과 초자연성을 믿고 이에 관해 어쩌면 위험할 정도로 충분히 말했습니다. 그러나 다른 한편으로 악독함도 믿습니다.[19)]

제가 방금 읽은 용서의 종결된 역사, 죽음의 강제수용소에

19) 용서를 주제로 한 주목할 만한 저작인 알랭 구이에(A.Gouhier)의 「장켈레비치에 따른 용서할 수 없는 시간과 용서의 시간(Le temps de l'impardonnable et le temps du pardon selon Jankélévitch)」에서 재인용합니다.(Michel Perrin(éd.), *Le point théologique. Le pardon*(신학적 문제점. 용서), Acte du colloque organisé par le Centre Histoire des Idées, Université de Picardie, Paris, Beauchesne, 1987(관념의 역사 센터 주최 콜로키엄, 피카르디 대학).

서 죽은 용서, 짐승들이나 용서를 구하지 않는 자들을 위한 것이 될 수 없는 용서에 관한 대목에서 장켈레비치는 '풍자적'이라 할 수 있는 논리를 따르고 있습니다. 그런데 궁극적 윤리의 논리는 이 같은 '풍자적' 논리에 저항하며 지속적으로 저항할 겁니다. 오히려 궁극적 윤리는 용서를 구하지도 않고, 용서받을 자격도 없는 것, 나아가 가장 근본적인 악마저도 용서하라고 명령할 겁니다. 불-가능을 실현하고 용서-불가능한 일을 용서하라는 요구를 받았을 때만 용서는 (별로 확실하지 않습니다만, 적어도 용서가 어떤 '의미'를 보존해야 한다면) '의미'를 획득할 수 있고 용서의 '가능성'을 찾을 수 있습니다.

그러나 이 풍자적 설득력은 단지 이 경우에 해당하는 상황적 수사修辭가 아닙니다. 이런 수사가 회한, 고해, 용서의 요청, 속죄의 자격, 만회하려는 행동을 보고 용서하려는 용서의 종교적·정신적 의미론의 가장 강력하고 전통적이고 지배적인 논리를 드러내므로 이 수사를 진지하게 고려하고 거기에 주의를 기울여야 합니다. 우리가 맞닥뜨리게 되는 가장 큰 어려움 중하나는 우리를 인도할 이 궁극의 윤리가 전통의 궤적에 포함돼 있고, 이와 '동시에' 이 전통은 궁극적 윤리와 양립 불가능하다는 사실에서 비롯합니다. 이는 마치 전통이 그 핵심에 일관성 결여, 잠재적인 내적 붕괴력이나 자기-파괴력, 불가능성을 내포하고 있는 것 같습니다. 이 전통은 불-가능의 가능성 혹은 가능의 불-가능성이 의미하는 것에 대해 다시-생각하기를 재차 강력히 요구합니다. 실제로 속죄 불가능으로 용서할 수 없는 것이 있는 지점, 이로부터 장켈레비치가 용서는 불가능해지고 용서의 역사도 끝났다고 결론짓는 지점, 여기서 우리는 매우 역설적으로 용서의 가능성이라는 것이 있다면, 그것은 바로 이런 지점이 그 기원이 되는 것은 아닌지 생각해봐야 합니다. 용서가 끝난 것으로 보이는 곳, 불가능해 보이는 곳, 바로 용서의 역사와 용서의 역사로서의 역사가 마지막에 다다른 바로 그 지점에서 오히려 용서가 시작되는 것은 아닐까요?

용서라는 것이 있다면, 용서할 수 없는 것, 속죄할 수 없는 것만을 용서해야 하고, 따라서 할 수 없는 일만을 할 수 있다는 아포리아, 형식적으로 비어 있고 말라 있지만 집요하게 까다로워서 빠져나올 수 없는 아포리아를 '한 번 이상' 검토해야 합니다. 용서할 수 있는 것, 사소한 것, 해명할 수 있는 것, 누구나 쉽게 용서할 수 있는 것을 용서하는 것은 용서가 아닙니다. 그런데 『시효 없음』의 논증의 핵심, 「용서하다?」라는 장의 동력은 홀로코스트Shoah의 유일무이성이 '속죄할 수 없음'의 영역에 이르렀고 '속죄할 수 없음'에 대해 가능한 용서는 없으며 어떤 의미가 있을 수 있거나, 어떤 의미를 만들 수 있는 용서조차도 있을 수 없다는 것입니다. 전통의 공통 원칙이자 장켈레비치의 원칙에 따르면 용서는 여전히 의미 있어야 하고 이 의미는 평안, 화해, 회한, 속죄, 심지어 희생의 바탕 위에서 정해져야 하기 때문입니다. 아마도 우리는 이런 원칙에 문제 제기하게 될 겁니다.

이전에 장켈레비치는 홀로코스트에 관해 이렇게 선언했습니다.

범죄자에게 그 죄에 합당한 처벌을 할 수 없다. 무한성에 견주어 아무리 중대해도 유한한 것은 서로 비슷해지려는 경향이 있기 때문이다. 처벌은 거의 차이가 없어진다. 벌어진 일이 문자 그대로 '속죄할 수 없음'이다. 우리는 심지어 누구에게 항의할지, 누구를 고발할지조차도 더는 알 수 없다.[20]

장켈레비치는 다른 많은 사람, 가령 한나 아렌트처럼 용서

---

20) V. Jankélévch, *L'imprescriptible*, op.cit., p. 29. 여기서 '벌어진 일'은 나치가 저지른 홀로코스트를 말한다. 옮긴이.

를 '인간적인'—언제나 용서가 인간적인지 아닌지 알아야 하므로 저는 모든 것을 결정하는 이 인간적 틀을 강조합니다—어떤 것으로 처벌 가능성과 상관관계가 있다고 전제하는 듯합니다. 아렌트는 복수는 다른 문제이며 용서는 복수에 이질적이라고 말합니다. 그래서 복수가 아니라 처벌 가능성과 용서의 상관관계를 말하는 겁니다.

징벌은 다른 가능성으로, 전혀 모순적인 것이 아니다. 징벌은 외부 개입이 없다면 언제까지나 지속할 어떤 것을 종식하려 한다는 점에서 용서와 공통점이 있다. 따라서 징벌은 매우 의미 있다. 사람들에게는 처벌할 수 없는 것을 용서할 능력이 없고, 용서할 수 없는 것으로 드러난 일을 단죄할 능력도 없으므로 징벌은 '인간사事'[데리다 강조] 영역의 구조적 요소다.[21]

그러므로 『시효 없음』에서 —전작인 『용서』에서가 아니라— 장켈레비치의 관점은 처벌하기와 용서하기 가능성의 상

21) 한나 아렌트(Hannah Arendt), 『인간의 조건(*La condition de l'homme moderne*[*The Human Condition*])』, préface de Paul Ricoeur(폴 리쾨르 서문), paris Calmann-lévy, 1961, p. 271.

관관계, 이런 유비성, 대칭성에 있습니다. 홀로코스트처럼 범죄가 "속죄의 대상이 될 수 없는" 경우에 용서는 아무런 의미가 없습니다. 그는 다음과 같이 씁니다.

> 엄밀히 말해 천체와 몇 광년의 거대함을 인간의 척도로 잴 수 없는 것처럼, 가공할 규모의 학살[홀로코스트, 최종 해결책]은 인간 척도의 범죄가 아니다. 이 범죄가 일깨우는 반응은 무엇보다도 '회복 불가능' 앞에서 느끼는 절망과 무력감이다.[22]

장켈레비치는 '회복 불가능'을 언급합니다. 잠시 인용을 중단하고, 세 가지 이유로 이 말을 강조하고자 합니다.

첫째, '회복 불가능'은 우리가 나중에 다시 살펴볼 텍스트에서 비시 정권하 유대인들을 대상으로 저지른 범죄를 규정하기 위해 시라크가 사용한 말입니다(시라크는 "그때 프랑스는 회복할 수 없는 일을 저지르고 말았습니다."[23]라고 선언합니다).

둘째, 우리는 회복 불가능이 용서 불가능을 의미하는지 물

---

22) V. Jankélévch, *L'im*prescriptible, op.cit., p. 29 [자크 데리다 강조(NdÉ).]

23) 1995년 7월 16일 벨디브 대규모 검거 기념식 날 자크 시라크의 연설문(NdÉ).

어야 합니다. 사법 개념인 '시효 없음'이 용서의 영역에 속하지도 않고 용서할 수 없음을 의미하지도 않는 것과 마찬가지로 저는 회복 불가능이 용서 불가능을 의미한다고 믿지 않습니다. '용서할 수 없음'과 '시효 없음'을 구분하기 위해, 그리고 비슷하면서도 다른 개념 '회복 불가능, 소멸 불가능, 만회 불가능, 역전 불가능, 망각 불가능, 변경 불가능, 속죄 불가능'을 구별하기 위해 되도록 세밀하고 엄격하게 주의를 기울여 접근해야 합니다. 이 개념들을 서로 분리하는 결정적인 차이들에도 이 개념들은 어떤 부정성, '~아니다'와 어떤 때는 '할 수 없음'이나 '해서는 안 됨'을 뜻하기도 하지만, 동시에 두 가지를 모두 의미하는 불가능, 즉 '할 수 없으므로 불가능하다'와 '해서는 안 되기에 불가능하다'를 의미하는 불가능의 '아니다'를 공유합니다. 그러나 이 모든 경우에 어떤 과거를 변경해도 안 되거나 그럴 수도 없습니다. 되돌려도 안 되고 되돌릴 수도 없습니다. 과거는 과거고, 사건은 일어났으며, 잘못은 저질러졌고, 이 과거의 기억은 환원 불가능한 것, 어떻게 해볼 수 없는 것으로 남아 있습니다. 이것이 원칙적으로 과거와 관련 없는 기증과 다른 점 중 하나입니다. 지났음, 흘러간-존재, 지나간 현재나 드러날 수 있는 과거 혹은 재현될 수 있는 과거로 환원되고 수정되고 변화되도록 절대 내버려 두지 않는 지난-존재를 고려하지 않는다면, 우리는 용서의 문제를 제대로 다룬다고 말할 수 없습니다. 그것은 흘러가지 않는 지난 존재인 셈입니다. 통과할 수 없음, 이 같은 과거와 과거 사건의 부동성과 그 다양한 형태, 즉 역전 불가능, 망각 불가능, 소멸 불가능, 회복 불가능, 만회 불가능, 변경 불가능, 속죄 불가능 등은 우리가 끊임없이 분석해야 할 형태입니다. 시간화 구조에서 과거의 이런 끈질긴 지배적 특성 없이 용서의 독창적인 문제 제기는 있을 수 없습니다. 단, 용서의 욕망과 약속, 또한 화해와 회한의 욕망과 약속이 이 과거의 본질, 흘러감-존재의 존재, 이 Gewesenheit 부재 존재, 존재의 본질 자체로서 그러했음의 본질을 고려할 때만 의미 있는 시간화, 틀림없이 역사화에 대한 반항이나 혁명을 은밀히 의미하지 않는다면 말입니다. 그러나 또한 '그것은 그러했다'와 '그것은 일어났다' 같은 존재의 사건성도 고려해야 합니다. 이런 지평에서 용서의 경험, 용서-받은 경험, 서로-용서한 경험, 서로(또한 자신과)-화해한 경험을, 이를테면 '시간적' 조직화의 본질적이고 (단지 윤리적이거나 종교적일 뿐 아니라) 존재-론적 구조, 주체적이고 상호 주체적인 경험의 움직임 자체, '시간적 경험으로서' 타인과의 관계처럼 자신과의 관계로 만드는 모든 사유를 다시 살펴봐야 할 겁니다. 예를 들어 이런 사유 중에 헤겔의 사유, 혹은 이와 다른 방식으로 레비나스의 사유가 있습니다(레비나스는 사유 여정의 변화에 따라 서로 다른 면모를 보여줍니다). 용서의 본질은 바로 시간, 과거에 대한 반박 불가능성과 수정 불가능성을 내포한 시간의 존재입니다.

그러나 어떤 사건의 이런 과거성, 일어난 무언가가 지나갔음이나 그 지난-존재만으로는 ―용서를 빌고 용서를 받는다는 두 가지 행위 모두에서― 용서의 개념을 구성하기에 충분하지 않습니다. 무엇이 더 필요할까요? 언뜻 보기에 단순해 보이는 '사실'이 '일어난 일이 지나갔음' 혹은 그 '지난-존재'를 반박한다고 가정해봅시다. 용서의 장이 구성되려면 여기에 하나의 '사실(무언가가 일어났음을 말하는 과거분사형 표현, 어떤 행위, 반박 불가능한 행동)'이 필요하고, 또 사실로서 이 사건은 단순히 중립적이고 비非개인적인 하나의 사실에 그쳐서는 안 됩니다.

우선, 이 사실은 누군가가 누군가에게 '저지른 악행', 가해자와 피해자를 암시하는 어떤 고통, 손실을 말합니다. 다시 말해 용서를 빌거나 용서받으려면, 돌이킬 수 없는 사실이나 불행이 있었다는 것만으로 충분치 않습니다. 한 세기 전에 일어난 지진이 수많은 생명을 앗아가고 온 마을을 파괴했어도, 이 과거가 말할 수 없이 엄청난 불행이자 반박 불가능한 '사실'이더라도 ―어떤 사악한 음모나 고약한 의도가 개입됐다고 추정하지 않는다면― 누구도 용서를 빌거나 용서하겠다고 생각하지 않을 겁니다.

　모든 문제에서 그렇겠지만, 이 문제에서도 사안을 엄격하게 구별하고, 정확하게 구분하는 작업을 포기해서는 안 됩니다. 그 '용서' 전반에 대한 분석은 끝이 없습니다. 따라서 단지 복수와 처벌만이 아니라, 처벌하기 혹은 처벌할 권리, 일반적 처벌권과 사법적 처벌권, 형사적 합법성을 항상 구분해야 합니다. 한나 아렌트는 용서와 처벌의 관계에 반드시 사법 영역이 있다는 결론을 내리지 않으면서도 용서와 처벌에는 여전히 상관관계가 있다고 말할 것 같습니다. 처벌권으로서 용서할 권리, 절대적이자 주권적 용서의 구현(이 말, '구현'을 강조합니다)의 전형적인 예는 왕의 특별 사면권입니다. 물론, (기증과 '감사', '임의 처분권' 사이처럼) 용서와 자비 사이에는 장구한 역사에서 전해오는, 종교적·영적·정치적·신학-정치적 역사에서 전해오는 유사성이 있습니다. 프랑스처럼 정교분리政教分離 원칙이 적용되는 공화국이나 (성경에 서약하는) 대통령과 정부 관리들이 '용서'(게다가 영어에서도 'pardon'이라고 합니다)에 대한 주권적 권리를 보유한 미국 같은 중간 정도의 정교분리 국가의 법과 재판 체제에서 용서에 관한 유일한 언급은 근대 민주제에까지 전해진 신학-정치적 기원의 사면권, 왕의 특별 사면권일 겁니다.

왕의 특별 사면권, (대개는 신이 부여한 권한인) 전-능한 주권은 용서할 권리를 다른 법 위에 둡니다. 이것은 처벌권으로서 용서할 권리의 가장 정치적이거나 가장 사법적인 특징이겠지만, 동시에 사법-정치 자체에서 사법-정치 질서를 중단하는 경우이기도 합니다. 사법-정치 '에서' 사법-정치적인 것에 대한 예외입니다. 그러나 언제나 그러듯이 이 주권적 예외와 중단은 이 둘을 배제하고 예외로 삼는 사법-정치적 사실 자체를 구성합니다. 언제나 그러듯이 토대는 그 토대가 만드는 구조에서 배제되거나 예외적인 것이 됩니다. 이 예외의 논리, 절대적 예외와 무한한 예외의 논리로서 용서의 논리를 깊이 생각해봐야 합니다. 무한히 예외적 방식으로만 용서를 말하고, 용서를 구하고, 용서할 수 있어야 합니다. (앞으로도 '근본 악'과 관련해서 자주 참고하겠지만) 칸트의 주장에 귀 기울여보면,

특히 특별 사면권에 관해, 정확히 「권리론」(『덕의 형이상학(*Die Metaphysik der Sitten*)』)에서 칸트가 공적 권리를 다룰 때 그중에서 처벌권과 특별 사면권을 다룰 때(§50 서론과 그다음) 주의를 기울여 이 문제를 용서의 문제로 전환해보면 여기서 중요한 이해의 지점을 찾을 수 있습니다. 칸트에 따르면 범죄자의 죄를 경감하거나 사면하는 특별 사면권은 주권자의 모든 권리 중에서 가장 민감하고 미묘하고 모호한das schlüpfrigste 권리입니다. 이 권리는 최고 통치권자의 위대함, 우월함, 주권의 절정에 있습니다(우리는 용서가 '주권적'이어야 하는지 아닌지 질문할 겁니다). 그러나 바로 여기서, 이 권리를 행사하면서 주권자는 가장 높은 수준에서 부당해질 위험, 부당하게 행동할unrecht zu tun 위험을 내포합니다. 실제로 특별 사면권보다 더 부당한 것도 없습니다. 칸트는 여기서 매우 중대한 경고caveat를 덧붙입니다. 즉 주권자의 특별 사면권에 내적 한계를 설정합니다. 주권자는 자신을 상대로 저지르지 않은 범죄의 사면에 동의할 권리가 없고, '어떤 경우에도 이런 권리를 가져서는 안 되며', 국민이 서로를 상대로 저지른 범죄 —따라서 주권자에게는 제삼자인 국민 사이에서 저질러진 범죄에 대해 특별 사면권을 가질 수 없습니다. 이런 처벌 면제impunitas criminis는 피해 당사자에게 가장 부당한 행위이기 때문입니다. 특별 사면권 —따라서 용서권— 은 주권자 자신에 대한 범죄, 군주-모독죄crimen laesae maiestatis에 한해서만 유효합니다. 심지어 이 경우에도 주권자는 특별 사면이 국민에게 어떤 해도 끼치지 않는 경우에만 행사해야 합니다. 이토록 엄격하게 한정된 권리, 이 권리가 군주의 이름과 군주권Majestätsrecht의 이름에 걸맞은 유일한 권리입니다.

용서 문제로 칸트의 사유를 확장하면, 이 중대한 논의에서 우리가 얻을 수 있는 최소한의 가르침은 일반적으로 용서는 피해자만이 할 수 있다는 겁니다. 용서의 문제는 제삼자에 '의해', 제삼자를 '위해'가 아니라, 반드시 가해자와 피해자 두 당사자 간에 혹은 둘의 대면에서 이뤄져야 합니다. 이것이 가능할까요? 둘만이 대면하는 일, 이런 단독 대면이 가능할까요?

그런데 애초부터, 가정으로서, 용서는 제외된 혹은 제외돼야 할 제삼자의 등장을 암시하는 듯하기 때문입니다. 어쨌든, 건전한 상식에 따르면 아무도 타인에게 저질러진 모욕, 범죄, 손실을 그 피해 당사자를 대신해서 용서할 권리는 없어 보입니다. 우리는 절대 피해 당사자의 이름으로 용서할 수 없습니다. 특히, 어떤 피해자가 근본적으로 용서의 장에 부재하는 경우, 예를 들어 그가 죽었다면, 우리는 이 피해자의 이름으로 절대 용서해서는 안 됩니다. 피해자들이 죽은 범죄를 두고 살아 있는 자들, 생존자들에게 용서를 구할 수 없습니다. 그리고 어떤 경우에는 그 가해자들도 죽었습니다. 얼마 전부터 공적인 분야에서 늘어나는 (가톨릭교회, 경찰, 의사 그리고 아직은 아니지만, 언젠가 대학 당국, 바티칸에서도 그럴지 누가 알겠습니까) 모든 광경, 공식적 참회나 사죄를 어떻게 생각해야 할지, 그에 대한 하나의 접근이 바로 여기에 있을 겁니다.

'회복 불가능'이라는 말을 강조하는 세 번째 이유는, 반복해서 말하지만, 만약 용서라는 것이 있다면, 용서는 다른 어떤 것이 아니라 오로지 용서 불가능, 곧 속죄할 수 없는 어떤 비인간성의 '기준 없는' 기준, 근본 악의 괴물성과 맞서야 하기 때문입니다.

이제 장켈레비치의 글로 돌아옵시다.

이처럼 이 범죄가 일깨우는 반응은 무엇보다도 '회복 불가능' 앞에서 느끼는 절망과 무력감이다. 아무것도 할 수 없다. [매우 강력한 문장. 용서 포함, 모두 불가능이 됩니다] 이 비참한 유해의 거대한 산더미에 생명을 다시 불어넣지 않을 것이다. 범죄자에게 그 죄에 합당한 처벌을 할 수가 없다. 무한성에 견주어 아무리 중대해도 유한한 것은 서로 비슷해지려는 경향이 있기 때문이다(장켈레비치는 전통의 의미와 양식과 더불어 인간적 용서의 무한성을 배제하고, 따라서 용서에 관한 그의 책『용서』에서 착상한 듯하고, 그렇게 말했던 윤리의 궁극성도 배제하는 것 같습니다). 처벌은 거의 차이가 없어진다. 벌어진 일이 문자 그대로 '속죄할 수 없음'이다. 우리는 심지어 누구에게 항의할지, 누구를 고발할지조차도 알 수 없게 된다.[24]

여기서 장켈레비치 자신이 '속죄할 수 없음'이라는 말을 강조합니다. 속죄할 수 없는 일이 있을 때 용서할 수 없는 일이 있고, 용서할 수 없는 일이 벌어지는 곳에서는 용서가 불가능해진다는 점을 강조하려 합니다. 용서는 죽음의 강제수용소에서 죽었습니다. 용서와 용서 역사의 종말입니다. 그와 반대로 (용서 개념 '에서' 그리고 용서 개념에 '대對'해서, 우리가 물려받은 용서의 관념에서, 그 너머에서 혹은 이에 반해서) 우리는 용서가 속죄와의 상관관계에서 벗어나야 하지 않을지 생각해봐야 합니다(이

---

24) V. Jankélévitch, *L'imp*rescriptible, p. 29 [자크 데리다 강조(NdÉ).]

처럼 유산에 대해 질문해야 하고, 아마도 용서의 관념을 유산으로 물려받으면서도 그에 대해 이의를 제기해야 할 겁니다. 따라서 여기서 우리가 시작하는 사유는 유산에 관한 사유입니다). 용서-불가능 앞에서, 불가능해 보이는 그 지점에서만 정확하게 그리고 오롯이 용서의 가능성을 호소할 수 있는 것은 아닌지, 더불어 가능과 불-가능은 함께 묶여 있는 것은 아닌지 생각해봅시다.

'요청해야 하는' 용서와 죽음의 수용소에서 죽었을 용서와 관련해서 제가 『시효 없음』 중 「용서하다」의 이 대목을 인용했으므로, 그다음에 이어지는 용서를 요청해오기를 기다리는 일과 관련된 것에도 관심을 기울여야겠습니다. 장켈레비치는 오늘 강연의 시작 단어 'pardon!', 수행적 가치가 있을 수 있는 말 (용서를!, 용서를 청합니다, 용서해주세요, 용서해줘), 용서를 비는 이 말을 기다렸다고 말합니다. 다른 사람들처럼 장켈레비치는 용서를 구해야 하고, 용서가 요청되기를 요청한다는 점을 암시하면서 '기다렸다'고 말할 겁니다. 그리고 어찌 보면 그는 다른 사람들처럼 헛되이 '용서'라는 말, 용서를 구하기를 기다렸다면서, 요컨대 자신은 용서 구하기를 요청했음을 고백합니다 —물론, 이것은 우리가 다루는 문제 중 하나가 되겠지만, 저는 여기서 이 장면의 특징, 즉 이것이 요청되고, '용서'라는 단어가 요청된 용서로서 발화되거나 함축되고, 어쨌거나 그렇게 '드러나 전달되기'가 기대됐다는 점에 주목하고 싶습니다. 중요한 것은 이 단어가 발화되는 것이 아니라, 특별 사면처럼 요청된 '자비mercy'처럼 이것이 '알려지는' 것, 그리고 이 요청된-용서와 함께, 이에 앞서, 속죄, 회환, 고해, 잘못을 인정하는 방식, 자기 스스로 죄인으로서 자신을 지목하는 자기 지시적 방식, 우리가 너무 성급하게 동물은 그럴 수 없다고 단정하는 그런 방식이 알려져야 합니다. 죄인이 그 의무를 이행하고 그의 죄, 부채를 변제하고, 죄인이 '메아 쿨파'를 외치거나 가슴을 치며 후회하고, 죄를 인정하면서 자신을 죄지은 주체, 죄지었던 주체와 분리하기를 기대할 뿐 아니라, 강력히 요청합니다. 우리는 시간성 —그리고 이처럼 시간이 반영되는 구조를 살펴봐야 합니다. 지금은 장켈레비치의 글에서 요청된 용서의 요구를 인용하고, 여기에 두 '참고문'을 관련시키고자 합니다.

[...] 용서를 요청하다! 우리는 오랫동안 이 말, 단 한 마디, 용서와 공감의 말을 기다렸다… 우리는 이 형제애의 말을 바랐다![25]

25) V. Jankélévitch, *L'imprescriptible* p. 51 [자크 데리다 강조(N.d.É).]

저는 '형제애'를 강조하고 싶습니다. '형제애라는 말'에는 설득력 있고 정확한 의미를 부여해야 합니다. 이 말은 단지 공감이나 감정의 토로, 연민이 아니라, 이 점은 앞으로 더 분명해지겠지만, 인류의 나눔과 남자 인간들, 인간이라는 장르에 속한다는 것을 인정하는 아들들의 형제애를 의미합니다. 예수가 전하는 메시지를 잘 반영하는 구절 중 하나인 마태복음 23장에는 이렇게 적혀 있습니다. "사실 너희의 스승은 한 분이고 너희 모두는 형제이다."[26] 인간주의적 보편주의와 가족주의, 형제주의의 뿌리 깊은 그리스도 전통을 지우기 어렵습니다.

우리는 이 형제애의 말을 바랐다! 물론 우리에게 용서를 간구하기를 기대하지는 않았다… 그래도 그 이해의 말을 감사히 맞이했을 것이다! 그런데 아, 이럴 수가, 오스트리아인들은 뉘우치기는커녕 우리에게 가해자들의 수치스러운 사면을 선물로 안겼다.[27]

---

26) "unus est enim magister vester, omnes autem vos fratres estis, pantes de umeis adelphoi este…"

27) *Ibid.,* p. 51

장켈레비치는 이 문장 뒤에, 그리고 다른 곳에서도 자주 하이데거를 격렬하게 비판합니다(그가 로베르 멩데[28]에게 한 말을 예로 들어봅시다. "하이데거는 나치 정권하에서 했던 모든 발언에도 책임이 있지만 1945년 침묵하고 있었다는 데 더 큰 책임이 있다.")[29] 따라서 위에서 인용한 장켈레비치의 말을 —제가 조금 전 언급한 두 개의 참고할 글 중 첫 번째 것— 파울 첼란[30]이 하이데거와의 만남을 기억하고 증언하며 쓴 시 「토트나우베르크」[31] 와 비교해보려고 합니다. 해석자들은 이 시를 '용서'를 청하고 있음을 의미했을 하이데거의 한 마디를 기다리던 첼란의 기대와 그 좌절된 기대의 표현으로 이해했습니다. 무엇보다 저는 이런 해석에 신뢰를 더하거나 깎아내리는 위험을 무릅쓰지도 않을 터이고, 첼란의 시 한 자 한 자와 그 사이 공백에 대한 존

---

28) Robert Minder(1902-80): 장켈레비치, 사르트르 등과 함께 파리 고등사범학교에서 수학하고 독일문학 전문가로 번역, 저술, 교육, 방송 분야에서 일했다.

29) *Ibid.*, p. 53.

30) Paul Celan(1920-70): 루마니아 출신 유대인 시인으로 제2차 세계대전 당시 온 가족이 독일군에게 잡혀 강제수용소로 끌려갔고 강제노역을 하던 그의 부모는 처참하게 죽었다. 그도 가스실 처형 직전까지 갔다가 가까스로 살아남았다. 종전 후 오스트리아 빈에서 첫 시집 『유골 항아리에서 나온 모래』(1948)를 발표했고 프랑스 파리에 정착해 작품 활동을 계속하다가 센강에 몸을 던져 자살했다.

31) Todtnauberg: 독일 토트나우 검은 숲에 있는 작은 마을로 하이데거가 말년에 기거한 곳으로 유명하다.

중의 의미로 이토록 투명하고 변함없는 독해로 서둘러 달려가지도 않을 겁니다. 제가 이런 일을 피하려는 이유는 단지 해석학적 신중함이나 모든 시어에 대한 존중 때문만이 아니라, (요청되거나 동의된) 용서와 용서의 표현과 그 전달이라는 것이 있다면 이것은 반드시 뚜렷하게 확정될 수 없는 모호한 상태로 남아 있어야 한다고 믿기 때문입니다. '확정될 수 없이 모호하게 남아 있어야 한다'는 것은 양면성, 회색 조의 불투명이 아니라 이론적으로 결정할 수 있는 지식 영역과 판단 영역, 소유할 수 있는 의미의 자아 출현에 이질적이어야 한다는 뜻입니다. 적어도 이런 관점에서 보면, 용서는 기증과 공통점이 있으리라는 역설적 논리가 있지만, 저는 여기서 이 유사성을 그저 구상 중이거나 계획 상태로 두겠습니다.

「토트나우베르크」의 해석자들은 이 시를 명쾌한 서술로 변형하기를 서슴지 않습니다만(예를 들어 이런 식입니다. '첼란이-왔다, 하이데거는-독일인들의-이름으로-유대인들에게-용서를-구하지 않았다, 한 마디-용서의-말을-기다려왔던-첼란 '용서!', -요구된-용서는-실망해서-떠났다-그리고-그는-이에-관해-시를-한 편-지었다, 그는-그의-시 중-하나로-이 시를-연서했다'), 이렇게 명쾌하지 않습니다. 그 첫 행부터, 이 시가 말하는 것은 적어도

다음과 같습니다.[32)]

아니카, 눈 밝음 풀, 그

별 주사위 꼭대기

샘물에서 한 모금

그

오두막에서

방명록 안에 한 줄 내 이름의 앞

어떤 이의 이름이 맞이됐을까?

거기에 쓰인 한 줄

그 책에

희망의, 오늘, 그 말 속

한 사색가에게서

마음에

32) 제게 이 번역 원고를 주신 분이 누군지 알아낼 수가 없습니다. 이 점에 관해 이 시의
번역자에게 양해를 구합니다.

도래할³³⁾ [...]

혹은 다음과 같습니다.

아니카, 수레국화, 그

별 주사위 위에 달린 우물에서

목마름

오두막

그 안

그 책에 쓰인

(내 이름에 앞서

그 책은 어떤 이름들을 가지고 있을까?)

그 책에 쓰인

오늘, 기다림의

한 줄,

---

33) 데리다는 번역 없이 독일어 원본을 인용하고 나서 두 가지 번역을 제시한다. 첼란의
시는 다음과 같다.

생각하는 이의

말

마음에

도래할[34)][…]

이 시는 시에 한 서명(과 일지에 남긴 이름, 즉 방명록에 그 이
름으로 서명하면서 그 자신도 서명하는 어느 시의 서명)을 말에 대
한 기대, 마음에 와닿을 한 마디Wort의 바람, 생각하는 존재의

Arnika, Augentrost, der/ Trunk aus dem Brunnen mit dem/ ternwürfel drauf,//
in der/ Hütte,//
die in das Buch'— wessen Namen nahms auf/vor dem meinem ? —,/ die in das
Buch/ geschriebene Zeile von/ einer Hoffnung, heute,/ auf eines Denkenden/
kommendes/ Wort/ im Herzen, [...]
불어로 아르니카 혹은 아니카(Arnica, 독일어 Arnika, 독일어 학명Augentrost)는
약초로 외상성 상해, 통증의 치료에 전통적으로 사용됐다. 좁쌀풀무리(유프라시아,
Euphrasia)는 그 종류가 수백 종에 이르며 안과 질병을 치료하는 데 쓰인다[영어로는
'아이브라이트(eyebright)'라고 한다]. 여기서 제시된 불어 번역본에서 앞의 것은 학명
과 함께 '카스-뤼네트(Casse-Lunettes)'와 '유프라시아(euphraise)'를, 두 번째는 '상
토레(centaurée)'를 택하고 있다. 독일어 원본과 불어 번역본 두 개가 이 책에서 인용됐
기에 차이를 두고 옮긴다. 옮긴이.

34) 파울 첼란(P. Celan) Todtnauberg, Strette et autres poèmes(토트나우베르크, 스
트레타와 다른 시들), tr. fr. Jean Davide, paris, Le Mercure de France, 1990, p. 110-
111. 많은 것 중 적어도 (어느 날인가 첼란이 제게 주었던) 이 시의 첫 행들은 충분히 '현
실주의' 방식으로, 하이데거가 죽기 전이나 후, 누군가 토트나우베르크에 있는 하이데거
의 '오두막'을 방문한 경험을 묘사하고 있습니다. 그의 감정적 반응은 단지 샘물과 별뿐
아니라 방명록에 의무적으로 서명해야 하는 상황 등으로 미뤄 짐작할 수 있습니다.

마음에서 우러나오는 한 마디에 대한 바람과 연결하고 있습니다. 이런 시의 의미와 증언적 준거를 어떻게 해석하느냐가 관건입니다. 이것은 과거와 서명과 타인의 방명록에 남겨진 이름의 흔적에 관한 것이자 거론된 이름에 관한 것이므로, 말해지거나 말해지지 않을 한 마디에 대한 소망, 그러므로 기증에 대한 소망과 사유의 기증에 대한 소망, 도래할 기증에 대한 소망, 한 장소나 생각하는 존재에 대한 소망(생각하는 이의/ 도래할/ 말/ 마음에 eines Denkenden/ kommendes/ Wort/ im Herzen ─ 게다가 하이데거는 'Denken'과 'Danken'[35]을 자주 결합해 쓴다고 알려졌습니다. '감사하다, 감사를 인정하다, 그런 감사에 대한 인정을 말하다, 감사의 인정' 등입니다. 그리고 우리는 여전히 감사와 자비, '자비를 베풀다' 혹은 '자비를 빌다, 바라다'의 관계를 생각합니다)입니다. 이 모든 이유로 기증과 감사에 대한 인정은 주제일 뿐 아니라 또한 시의 행위나 시의 본질, 시의 기증입니다. 이 시뿐 아니라 기증도 말하고 시의 기증, 바로 그 자신인 시의 기증도 말합니다. 이 시가 주기 때문에 그만큼 받고, 받기 때문에

---

35) Denken은 '생각하다, 사색하다, 생각의 끝에 이르다, 뜻을 갖다, 의도하다, 바라다' 등을 의미하는 동사이며 명사로는 '사유, 생각, 사고'를 뜻한다. Danken은 동사로 '감사하다, 감사의 마음을 전하다'라는 뜻이다. 옮긴이.

그만큼 주며, 시가 과거를 환기하는 만큼 희망을 불러오기 때문입니다. 이 시는 그 환기와 호소를 통해 기증의 근본 조건에 속합니다. 그러므로 시가 (의식의 의미, 시인하고 자백하는 인정의 의미에서나 감사하는 인정의 의미에서, 감사하는 마음으로서 인정의 의미에서) 인정에 대한 호소로서 시적 경험과 더불어 타인을 위해 타인의 이름으로 기대되고 요청되고 베풀어진 기증으로서 시적 경험을 말하는 순간, 시는 용서의 요소, 요청된 용서의 요소와 허락된 용서의 요소, 아마도 이 둘 모두에 속하게 됩니다. (기증과 용서가 요청됐든 아니든, 동의됐든 아니든, 부여됐든 아니든) 기증과 용서의 경험이 없다면, 시적 경험, 이 같은 언어의 경험도 없는 것 같습니다. 방명록에서 자기 이름 앞에 적혀 있을 이름에 관한 질문 (내 이름에 앞서/ 그 책은 어떤 이름들을 가지고 있을까? wessen Namen nahms auf/ vor dem meinen?) —타인에게 베푸는 접대, 환대(aufnehmen)를 말하는, 번역 불가능한 이런 두운법(Namen nahms auf)으로 방명록이 자기 이름보다 먼저 맞이했을 이름에 관한 물음표,[36] 시의 이 구절, 이 물음

---

36) 데리다가 구체적으로 인용하지 않고 이어서 시도하는 첼란의 시에 대한 분석의 이해를 돕기 위해, 본문에서 번역 인용된 다음 대목을 옮긴다. 아울러 본문에서 이 질문의 분석 다음에 데리다가 예를 들어 설명하는 단어들을 굵게 표시한다. 본문 인용 부분 다음이다. "Waldwasen, uneingeebnet,/ Orchis und Orchis, einzeln,// Krudes, später,

표, 타인의 정체에 대한, 나보다 먼저 왔을 타인의 이름에 대한 폐부를 찌르듯 날카로운 질문, 그리고 내가 그것을 원하든 원하지 않든, 그것을 알든 모르든, 나는 이 이름과 기이한 공동체로 묶이고 또 묶이고, 이 책의 기이한 계보학에 연결되고 또 연결됩니다. 여기에는 분명히 타인의 이름에 대한 불안 혹은 걱정이 있습니다. 나는 눈이 가려진 채 내 의지와 무관하게 타인의 이름에 넘겨졌습니다. 내가 어떻게 서명했든 나보다 앞서 서명한 타인은 내 서명을 미리 낙인찍고, 또다시 그 위에 낙인찍으며 내 서명을 먼저 자기 것으로 삼습니다. 마치 언제나 내가 그 타인이 서명하는 그의 이름으로 서명하는 것만 같습니다. 따라서 내가 연서連署하는 나의 자리이거나 나에게 연서하는 나의 자리에서 그는 내 고유한 서명에 연서합니다. 내가 그렇게 하겠다고 정하기도 전에 이미 주어졌거나 아직 주어지지 않은 기증과 용서, 한번 주어졌다가 취소되고 지나가 버린 기증과 용서입니다. 이처럼 끝도 없이 길고 긴 연서는 시와 언어 자체의 경험, 항상 타자의 언어로서 언어의 경험과 한 몸이 됩

---

im Fahren/ deutlich,// der uns fährt, der Mensch,/ der's mit anhört,// die halb-/ beschrittenen Knüppel-/ pfade im Hochmoor,// Feuchtes,/ viel." 이 부분을 한국어로 옮겨보면 다음과 같다. 옮긴이.

니다. 이 경험은 오로지 첼란만이 알고 인정한 것이지만, 이것은 또한 언어를 사용하는 모든 이의 보편적 경험이기도 합니다(저도 그 오두막에서 하이데거 아들의 요청에 따라 몹시 우려하며 서명했음을 고백합니다. 저는 제가 다른 모든 사람에 이어 서명하고 있다는 사실을 모르고 서명했는데, 저는 무엇보다도 제 앞에 서명한 모든 이를 걱정할 수밖에 없습니다. 또한 그에 못지않게 제가 급하게 휘갈긴 것도 걱정했습니다. 저는 이렇게 걱정하면서 서명했습니다. 이 두 가지는 모두 죄가 될 수 있고, 더 나아가 부당하게든 온당하게든 심판의 대상이 될 수 있으며, 용서할 수 없는 짓이 될 위험이 있습니다).「토트나우베르크」를 제대로 이해하는 첫걸음으로 당연히 지금 인용한 대목의 앞과 뒤, 이 시에 등장하는 각각의 시어와 시어 뒤에 오는 중단에 모두 똑같이 주의를 기울여야 합니다. 예를 들어봅시다. 이름Namen과 단어Wort, 고유명사와 말, 이 단어들이 시에서 공명한 다음, 이어서 발음된 단어들, 시에서 운전자를 지칭하는 '데멘치(Der Mensch 인간, 사람)', 단어들

숲 초지, 고르지 않는/ 오르키스와 오르키스, 홀로 핀//
잠시 후, 길을 내며 뚜렷해지는/ 거슬림.//
우리를 태우고 가는 인간,/ 그 역시도 그것을 느낀다.//
반쯤-가다 만/ 저어기 늪지의/ 통나무들의 오솔길//
축축한/ 헤아릴 수 없이.

의 일의적 구별을 가리키는 (고전적이고 거의 전형적인 조합) '도이치(deutsch: 독일의)'와 아주 가까운 '도이틀리(deutlich: 뚜렷한)'[37], 그리고 무엇보다 시의 마지막 단어인 '많은', '셀 수 없는', '무한한'이라는 뜻의 '피일viel' 등 이 모든 단어를 주의 깊게 살펴야 합니다. 이 마지막 단어는 어쩌면 그 형상으로 어떤 축축한 사물이나 오솔길 같은 것Feuchtes[38]/viel, 규탄[39]에 묻힌 어떤 것을 지칭하는 것 같습니다… 따라서 「토트나우베르크」는 읽어야 할 것, 맞이해야 할 것—기증 혹은 용서 자체처럼 나중에 경우에 따라서 시의 여러 주제나 시인의 좌절된 기대라는 주제가 되기에 앞서, 기증과 용서인 시로 남아 있습니다.

앞서 예고한 두 번째 참고문은 『시효 없음』 출간 이후, 1980-81년 장켈레비치와 어느 독일 젊은이가 교환한 서신입니다. 이 글은 1995년 6월 장켈레비치에게 헌정된 문학 잡지 『매거진 리테레르(*Magazine littéraire* n°333)』에 게재됐습니다. 장

---

37) 'deutsch'는 '독일인의, 독일어의, 독일의, 독일적인' 등을 뜻하는 형용사이며, 'deutlich'는 '명백히, 뚜렷하게, 분명한, 쉽게' 등을 의미하는 형용사, 부사다. 옮긴이.

38) '포이쉬터(Feuchtes)'는 축축한, 눅눅한, 습한 등의 뜻이다. 옮긴이.

39) 土炭: '땅속에 묻힌 시간이 오래되지 아니하여 완전히 탄화하지 못한 석탄. 이끼나 벼 따위의 식물이 습한 땅에 쌓여 분해된 것으로, 광택이 없고 검은 갈색을 띠며 해면, 실, 흙덩이 모양을 하고 있다. 발열량이 적으며, 비료나 연탄의 원료로 쓰인다'(국립국어원 사전). '참혹한 학살'을 연상할 수 있다. 옮긴이.

켈레비치에게 편지를 쓴 젊은 독일인은 바로 장켈레비치의 문장을 경구警句로 인용하며("그들은 6백만의 유대인을 죽였다. 그러나 그들은 잘 잔다. 그들은 잘 먹고, 마르크도 잘나간다.") 비통한 심정을 드러냅니다. 비어트 하블링크의 긴 편지는 다음과 같이 고통스럽게 시작합니다.

저는 유대인을 죽이지 않았습니다. 제가 독일에서 태어난 것은 제 잘못도 이점도 아닙니다. 누구도 제게 이 일로 허락을 요청하지 않았습니다[이처럼 대번에 우리가 끝없이 고민해야 할 거대한 문제, 유산, 계보, '우리'라는 집합성에 따른 죄책감 혹은 용서라는 문제, 게다가 어떤 '우리'냐는 문제가 제기됩니다]. 저는 나치의 범죄에 대해 완전히 무결하지만, 이런 사실에서 저는 거의 위로를 얻지 못합니다. 저는 평온한 인식을 갖지 못해 [...] 그리고 수치심, 동정심, 체념, 슬픔, 불신, 반항이 뒤엉킨 상태입니다.
저는 늘 잠을 잘 이루지 못합니다. 자주 밤에 깨어 성찰하고, 상상합니다. 어찌해볼 수 없는 악몽에 시달립니다. '안 프랑크'와 '아우슈비츠', 「죽음의 푸가(Toodesfouge)」, 「밤과 안

개」[40]를 생각합니다. "죽음은 독일에서 온 지배자이다."[41]

알려졌듯이 「죽음의 푸가」는 죽음의 수용소와 관련된 첼란의 또 다른 시이며, 이 시에서 "죽음은 독일에서 온 지배자이다."라는 구절은 네다섯 번이나 울려 퍼집니다. 죄 없는 죄책감과 선험적으로 끝없이 타인의 이름으로 요청된 회개나 용서. '요청된 용서', '용서'라는 말이 없어도 결국 같은 것이 되는 '요청된 용서'와 타인의 이름으로 자기가 저지르지 않은 잘못을 자백하고 용서를 구하라는 선고에 대한 항의가 뒤섞여 있습니다. 악몽은 죄책감, 용서의 장場, 끝없는 애도가 분리될 수 없음을 보여줍니다. 비어트 하블링크가 편지에 '평온한 인식'을 가지지 못했노라고 썼을 때, 그는 그가『고통스러운 인식』[42]

40) 영화「밤과 안개(Nuit et brouillard)」(1956)는 유대인의 집단수용과 학살을 다룬 알랭 르네(Alain Resnais)의 영화이며 동시에 빌헬름 카이텔(Wilhelm Keitel)이 1941년 서명한 나치 독일에 저항하는 모든 세력을 수용, 처단하라는 명령(Nacht und Nebel: NN)의 이름이기도 하다. 옮긴이.

41) "Der Tod ist ein Meister aus Deutschlan", Wiard Raveling(비어트 하블링크), lettre à V. Jankélévitch, juin 1980(1980년 6월, 장켈레비치에게 쓴 편지), publiée dans le Magazine littéraire, n°333, juin 1995(1995년 매거진 리테레르), p. 51-51.(NdÉ)

42) V. Jankélévitch, *La mauvaise conscience*(고통스러운 인식), Paris, Alcan, 1933 ; repris dans id, Philosophie morale, Paris, Flammarion, 1988. (NdÉ)

의 저자에게 편지를 쓰고 있음을 알고 있었을 겁니다.[43] 이 책의 한 챕터는 온전히 '불가역성'을 다루고, 동시에 후회, 만회할 수 없음, 회한과 뉘우침에 관한 여러 하위 챕터가 있습니다. 『고통스러운 인식』의 초판이 출간된 해는 1933년인데, 우리가 알고 있는 점들을 고려해보면 1967년 『용서』는 이 책에 이어지는 내용을 담고 있는 것 같습니다.

이 독일 청년 비어트 하블링크는 또한 장켈레비치를 환대하면서 그의 집에 초대합니다(환대, 기증과 용서와 눈물, 즉 언제나 불충분한 기증, 따라서 용서나 되돌아오는 죽음과 애도 등 우리가 다루는 모든 주제가 여기 복잡하게 연결돼 있습니다).

친애하는 장켈레비치 씨, 만약 이곳을 지나신다면, 우리 집 문을

---

43) 장켈레비치의 『고통스러운 인식』의 원제 La mauvaise conscience에서 mauvais는 악한, 사악한, 잔인한, 나쁜, 끔찍한, 불행한 등을 뜻하는 형용사이다. 장켈레비치는 이 책에서 키르케고르, 셸링, 베르그손, 셸러와 가톨릭 영향에 동화하면서 심리적 인식, 도덕의식의 문제를 다룬다. 이 인식은 불행한 인식(헤겔적 의미)이나 공모적 인식(사르트르)과 다른 말 그대로 도덕적 인식이다. 이 도덕적 인식은 후회와 회한에 사로잡혀 '평온할 수 없는' 인식이다. 이 책에서 장켈레비치는 인간의 가장 간교하고 악랄하고 퇴락한 의식을 서슴없이 드러낸다. 그에 따르면 인간의 도덕 인식은 언제나 끔찍한 고통으로 차 있어 평온한 인식은 거의 불가능해야 하는데도 대부분 사람의 인식은 평온하다(다시 말해 그들은 비도덕적이며 자신이 그렇다는 사실조차 모른다). 따라서 이런 고통스러운 인식은 버려야 할 것이 아니라 오히려 갈고닦고 관리해야 하는 것이다. 여기서는 '고통스러운 인식'을 '평온한 인식'의 반대 의미로 옮긴다. 옮긴이.

두드리고 들어오세요. 환영합니다. 그리고 안심하세요. [편지를 가득 메운 고통에 찬 아이러니] 부모님은 집에 안 계실 거예요. 우리는 헤겔이나 니체, 야스퍼스, 하이데거 등 모든 튜턴족(독일) 사유의 대가들에 관해 말하지 않을 겁니다. 데카르트와 사르트르에 관해 여쭙겠습니다. 슈베르트와 슈만의 음악을 좋아합니다만 쇼팽의 음반이나, 당신이 좋아하신다면 포레와 드비시의 곡을 듣겠습니다. [...] 덧붙이자면, 저는 루빈스타인을 찬미하고 존경하며 메뉴인[44]을 좋아합니다.[45]

비장한 하소연이자 항의, 고해, 변론인 이 긴 편지에 이어 독일 청년 비어트 하블링크는 마찬가지로 문학 잡지에 게재될 두 통의 답장을 받습니다. 하나는 1980년 7월 1일 프랑수아 레지스 바스티드[46]가 보낸 겁니다. 몇 줄 발췌하겠습니다.

시간 부족 때문에, 제가 얼마나 VJ(블라드미르 장켈레비치)에게 쓴 당신의 편지에 얼마나 감동했는지 말할 수 없습니다. [...]

---

44) Jehudi Menuhin(1916-99): 미국 출생 영국의 바이올리니스트 겸 지휘자. 옮긴이.
45) Wiard Raveling, lettre à V. Jankélévitch(NdÉ).
46) François-Régis Bastide(1926-96): 프랑스 작가, 라디오 진행자, 외교관. 옮긴이.

저는 VJ의 오랜 친구입니다. 그러나 제게 그의 태도는 몹시 충격적입니다. 이 용서-없음은 끔찍합니다. 우리에게, 우리(신앙이 없는 이들까지도 포함해서!) 그리스도교인에게 타인의 입장이 되는 일은 마땅합니다. 과격한 유대인은 나치만큼이나 나쁩니다. 그러나 저는 이 점을 VJ에게 말할 수 없습니다. [...] 이토록 강렬한 편지를 쓴 당신은 틀림없이 불어 교사일 듯합니다. 내 친구는 당신의 편지가 지나치게 감상적이고, 그에게 아마도 악덕으로 충만해 보일 지독한 안락[47]의 흔적이 편지에 남아 있다고 평가하겠지만, 저는 당신 편지의 한 마디 한 마디에 절대 공감합니다. 옳은 쪽은 당신입니다. 내 친구의 무시무시한 말들로 모든 프랑스 유대인을 판단하지 마십시오. [...] 그런데 당신 성과 이름의 기원은 어디입니까? 헝가리? 바이킹?[48]

다른 편지는 장켈레비치가 보낸 답장입니다. 여기에 '용서'라는 말은 등장하지 않습니다. 그러나 이 편지는 기다렸던 것이(여러분은 이 말을 기억하실 겁니다. "[...] 용서를 요청하다! 우리

---

47) Gemütlichkeit: 안락, 평안, 느긋함 등의 뜻. 아래 역주를 보면 왜 장켈레비치의 오랜 친구인 프랑수아 레지스 바스티드가 이런 표현을 썼는지 짐작할 수 있다. 옮긴이.
48) François-Régis Bastide, lettre à Wiard Raveling, 1ᵉʳ juillet 1980 parue dans le Magazine littéraire, n° 333, juin 1995(NdÉ)

는 오랫동안 이 말, 단 한 마디, 용서와 공감의 말을 기다렸다… 우리는 이 형제애의 말을 바랐다!) 드디어 도착했음을 분명히 알려줍니다.

선생, 귀하의 편지에 감동했습니다. 저는 이 편지를 35년간 기다렸습니다. 혐오스러운 악행이 온전히 인정돼 있으며, 나아가 이런 악행과 무관한 사람이 책임을 통감하고 있는 편지를 말합니다. 어느 정도 위장된 자기 정당화가 아닌 독일인의 편지를 받은 것은 이번이 처음입니다. 독일 철학자들, (제가 감히 이 말을 쓸 수 있다면) '제 동료들'은 아무래도 제게 할 말도, 설명할 것도 없었나 봅니다. 그들의 양심은 흔들리지 않았습니다[마치 그에게 개인적으로 전해진 편지만이 유일하게 가능한 치유였던 것처럼 부당해 보이거나 순진함] ― 그래서 이 무시무시한 사건에 대해 더는 할 말이 없습니다― 따라서 저는 이 모든 형이상학자와 관계를 끊는 데 그다지 큰 노력을 기울이지 않아도 됐습니다. 당신이 유일하게 처음으로 그리고 아마도 마지막으로, 정치적 계산으로 가감하지 않고 미리 준비된 공허한 말 너머에서 필요한 말을 찾은 사람입니다. 우리가 사용하는 말에서 극히 섬세한 예민함, 자발성, 관용이 그에 걸맞은 말을 찾지 못하는 경우는 매우 드뭅니다. 당신의 경우가 그렇습니다. 이는 확실합니다. 감사합니다[요청된 용서. 감사를 부르는 기증].

그러나 저는 당신을 만나러 독일에 가지 않겠습니다. 그렇게까지는 하지 않겠습니다. ─이 새로운 시대를 열기에 저는 너무 늙었습니다. 어쨌든 지금은 새로운 시대, 너무도 오랫동안 기다려온 시대입니다. 하지만 젊은 세대인 당신은 이런 것들과 무관합니다. 당신이 넘지 못할 장벽은 없습니다. 이번에는 제가 말하겠습니다. 다른 모든 사람처럼 당신이 파리에 오실 때 저희 집 문을 두드려주십시오. [...] 함께 피아노를 연주합시다.[49]

저는 두 서신 교환자의 음악에 대한 암시, 음악적 서신, 함께 연주하거나 들은 음악에 대한 암시에 주목합니다. 단지 장켈레비치가 음악가, 연주가, 음악 애호가이기 때문만이 아니라, 아마도 용서에 필요할 '말' 너머 어떤 저편(잠시 후에 이 문제, 즉 용서를 가능하게 하지만 또한 파괴하는 음성 언어라는 주제, 용서의 고약한 조건으로서 담론이라는 주제로 돌아오겠습니다)과 음악, 그리고 노랫말 없는 노래 사이에 어떤 본질적 동질성, 재

---

49) V. Jankélévitch, Lettre à Wiard Raveling, parue dans le meme Magazine. (N.d.É)

화합의 상응만은 아닌 상응이 있을 것 같기 때문입니다.

　실제로 비어트 하블링크는 단 한 번 장켈레비치를 방문했고 순조로운 만남이었지만 장켈레비치가 이 문제로 되돌아오기를 "의식적으로 피했다."고 밝혔습니다. 이후의 서신 교환에서도 그랬다고 합니다. 장켈레비치는 답신에서 "저는 너무 늙었습니다."라면서 '새로운 시대'를 언급합니다. "당신에게는 넘지 못할 장벽을 넘어서야 하는 일은 없습니다." 넘지 못할 장벽을 넘어서는 일, 아주 적절한 예로, 이 표현은 서로 모순적이고 양립 불가능하고 조화될 수 없는 두 담론, 두 논리, 두 이치를 교차시키고 있습니다. 그 하나는 화해 혹은 재화합이고, 다른 하나는 화해 불가능입니다. 한편으로 장켈레비치는 진행 과정, 계속되는 역사와 한 세대에서 다음 세대로의 이행, 이처럼 그에게는 가능하지 않았던 일을 가능하게 하는 애도하는 일로서 기억하는 일, 즉 용서는 미래에 있으리라는 생각을 받아들입니다. 그는 비어트 하블링크 같은 젊은이 다음 세대에는 이런 이행이 어울릴 것 같고, 이 일, 즉 애도하고 기억하는 과제도 실현됐을 테고, 역사, 화해를 가능하게 해줄 시련의 단계 그리고 속죄, 치유 등이 가능할지도 모른다고 생각합니다. 그러나 동시에 장켈레비치는 직접 말하기보다는 이 장벽—다음 세대가 어쩌면 넘어설 장벽—을 자신은 여전히 넘을 수 없고, 그런 상태로 남아 있어야 하고, 그럴 수밖에 없음을 암시합니다.

다시 말해 용서의 역사로서 역사는 중단됐고, 절대 악에 의해 중단된 상태 그대로 영원히 남아야 한다는 뜻입니다. 그 역사는 영원히 멈췄습니다. 우리는 여기서 진실하면서도 모순적인 두 신념, 자기-모순적 신념을 느낄 수 있습니다. 장켈레비치는 역사가 분명히 계속될 것이며 용서와 화해는 다음 세대에 가능하다는 것을 의심치 않고, 심지어 진심으로 희망합니다. 그러나 동시에 그는 이를 원치 않고, 자신을 위해서는 이를 원치 않으므로, 그가 바라는 것, 원하기를 받아들인 것, 원하기를 원하는 것, 원하기를 바라는 일을 원치 않습니다. 그는 그것을 (아마도 바람직한 개연성처럼) 믿지만 믿지 않고, 이런 화해, 용서는 환상이고 거짓이라고 믿습니다. 그것은 진솔한 용서가 아니라 징후들, 애도하는 일의 징후, 망각의 치료법과 시간이 흘러간 징후, 요컨대 일종의 나르시시즘, 치유와 자기 치유, 재-자기애적 회복의 징후일 겁니다(그리고 우리는 용서의 헤겔식 문제에서, 용서의 장이 전제하는 타인에 대한 동일시를 공부해야 할 겁니다. 용서는 용서하는 자와 용서받는 자 양쪽의 동일시를 전제하지만, 이런 동일시는 타인이 또 다른 타인에게 용서한다는 '그 자체로서' 용서의 진실을 앞서서 변질시키고 말소하고 파괴합니다). 심지어 넘어선 순간에도 넘지 못할 것은 넘지 못하는 것으로 남을 듯합니다. 용서는 불-가능으로 남고, 더불어 역사의 연속이 언젠가는 가능해지더라도 역사의 연속도 불가능으로 남을 겁니다.

(우리에게 본보기가 되는 중요한 교훈으로 남아야 하기에 강조하는데) 장켈레비치의 편지를 읽으면서 우리는 마음속으로 무엇을 느낄까요? 그것은 변함없는 신념, 변할 수 없는 신념입니다. 심지어 미래 언젠가, 다음 세대에서 속죄할 수 없는 일을 용서하더라도 (아무리 이 용서의 주체가 관대하고 진실하고 스스로 그렇다고 믿을지라도) 용서는 불가능하다는 것, 망각이 섞인 환상, 진실하지 못하고 정당하지 못한 것, 스캔들, 모호한 것으로 남아 있으리라고 믿는 그의 신념이 느껴집니다. 역사는 계속되고 역사와 함께 화해도 그렇겠지만, 역사는 악의 동화, 망각, 애도와 뒤섞인 용서의 모호함과 더불어 계속될 겁니다. 요컨대, 제가 여기서 미처 마무리하지 못한 논의의 전개를 간략히 표현하자면, 내일의 용서, 약속된 용서는 다만 애도하는 일 (하나의 치료법, 더 나아가 기억의 생태학, 계속 일할 수 있도록, 계속

소통할 수 있고, 거래할 수 있고, 살아갈 수 있고, 기쁨을 누릴 수 있도록 타인과 자기 자신과 함께 더-잘-존재하는 방법)이 될 뿐 아니라, 더 심각하게, 용서 자체를 애도하는 일, 그 용서를 애도하는 용서처럼 되고 말 겁니다. 결국, 역사는 역사의 단절 위에서, 균열 속에서, 더 정확히 치유돼서도 열린 상처이자 아물 수 없는 상처로 남아 있을 수밖에 없는 무한한 상처 위에서 계속될 겁니다. 어쨌든 자주 이 과장과 아포리아, 역설의 영역에 머무르거나 거기서 살아가야 할 겁니다.

장켈레비치의 글을 잠시 덮어두기 전에 저는 『시효 없음』에서 말하는 '속죄할 수 없음'의 역설 중 하나, 장켈레비치가 이 단어를 강조하며 다루는 속죄 불가 논리의 역설 중 하나를 되짚어보고 싶습니다. '속죄할 수 없음'이라는 말은 어려운 대면에서 최소한 두 번 사용됩니다.[50] 장켈레비치는 "벌어진 일이 [즉 모든 판단과 모든 처벌 논리 등에 도전하는 홀로코스트] 문자 그대로 '속죄할 수 없음'이다."라고 말합니다. 그는 이전에 유대인 말살 의지를 존재의 장에서 '속죄할 수 없는' 존재의 과오로 인지된 유대인의 존재에 대한 유일무이하고, 예외적이

50) V. Jankélévitch, *L'imprescriptible*, pp. 22, 29, 62.

고, 비교 불가능한 증오의 작용으로 묘사한 적이 있습니다. 이런 맥락에서 용서의 문제는 더 정확하게 말해서 이 문제가 발생하는 인간의 영역, 인간 중심적 영역에 관한 것—그리고 우리는 용서의 개념 자체로 인해 이 영역이 문제적이고 반박 대상이 되는 바로 그 지점에 관심을 집중할 것—입니다.

조금 앞에서, 그러니까 '시효 없음'이라는 제목의 장 도입부에서 (프랑스에서 반 인류 범죄의 무시효성을 두고 투표한 지 얼마 뒤에) 장켈레비치는 이런 범죄들은 인간 본질 "혹은 다른 말로 하자면, 인간 일반이 '인류에 속함'을 공격한다."라는 점을 환기합니다.

독일은 [이번에는 장켈레비치가 게르만의 특성 같은 것을 문제적인 방식으로 실체화하면서 말합니다] 엄밀히 말하자면, 오류로 판단된 믿음이나 유독한 것으로 간주된 독트린을 폐기하지 않으려고 했다. 수백만 박해자의 고통에 찬 살덩이에서 인종차별적 집단학살이 말살하고자 한 것은 다름 아니라 인간의 존재 자체(Esse)였다. 인종차별 범죄는 이런 혹은 저런 (어디까지, 얼마나, 어느 정도... 로서) 인간, 예를 들어 공산주의자, 프리메이슨 단원, 이데올로기의 적대자 등으로서의 인간, 아니다! 이런 것이 아니라 '인간으로서의' 인간에 대해 기획된 범죄다. 그렇다! 인종차별주의는 존재의 자아성, 즉 전 인류의 인간성을 겨냥한다. 반유대주의는 인간 일반에 대한 심각한 공격이다. 유대인은 그들의 주장이나 신념 때문이 아니라, 바로 유대인이었기 때문에 박해받았다. 존재 자체가 그들에게 거절됐던 것이다. 이런저런 공언公言을 했기에 그들을 비난한 것이 아니라 존재하고 있다는 이유로 그들을 비난했다.[51]

여기서 인류에 대한 인간의 공격이 왜 유대인만을 (그리고 또한 이스라엘을──유대인에 관해서보다 더 설득력이 약하지만 '이스라엘'이라는 국가에 대해서도 똑같은 추론을 전개하기 때문에──) 표적으로 삼는지 설명하지 않는 논증의 누락을 거쳐 장켈레비치는 이를테면 속죄할 수 없음의 논리를 역전시키기에 이릅니다. 그에 따르면, 독일, 독일인들, 그리고 나치에게(장켈레비치는 별로 주저하지 않고 독일, 독일인들, 나치를 혼용합니다) 속죄할 수 없게 되는 것은 유대인의 존재 자체입니다.

---

51) V. Jankélévitch, *L'imprescriptible*, p. 22.

[...] 유대인이 존재해야 하는지 확실하지 않다. 유대인은 살아가고 숨쉬기 위해 항상 자신을 정당화하고 변명해야 한다. 생계를 이어가고 생존하기 위해 싸우려는 그의 포부는 그 자체로 이해할 수 없는 스캔들이며, 터무니없는 무언가다. '하위-인간'이 [데리다 강조] 자신을 방어할 수 있다는 생각은 '상위 인간'을 [데리다 강조] 분노에 찬 망연자실에 빠트린다. 유대인은 존재할 권리가 없고, 그의 과오는 바로 그의 존재 자체다.[52]

여기서 저는 본래의 맥락에서 조금 분리해 '존재한다는 과오'라는 논쟁적 표현에 주목하겠습니다. "유대인은 존재할 권리가 없고, 그의 과오는 바로 그의 존재 자체다." 이 표현에는 독일의 관점에서 그렇다는 의미가 함축돼 있습니다. 저는 이 표현을 짚어내 맥락 밖으로 옮겨서 이로부터 용서의 개념에 문제를 제기하는 여러 갈래 중 하나를 밝히기 위해, 가능한 보편성의 지평을 지정하겠습니다. 게다가 제가 제기하려는 용서의 문제 중 하나는 칸트, 헤겔, 니체, 하이데거, 레비나스, 그리고 그밖에 다른 사람들의 강렬하고도 다양한 사유를 통해 충

---

52) *ibid.*, p. 23.

분히 탁월하게, 그리고 고전적으로 설명될 수 있을 겁니다. 바로 (요청된, 동의된 혹은 그렇지 않은) 용서, 기원적이고 끝없는 혹은 규정할 수 없는 죄책감이나 부채 혹은 고통을 느끼는 능력이나 인책 능력 때문에 '선험적으로' 그리고 항상, 기원적이고 끝없이 구해야 하는 용서에 관한 것입니다. 심지어 모든 잘못을 규정하기도 전에, 존재나 의식 혹은 '나'는 잘못이 있고 따라서 적어도 암시적으로, 결국은 바로 거기 있다는 단순한 사실로 용서를 비는 중입니다. 거기-있는 존재, 이 존재는 구성적으로 (즉 '존재한다는 과오'의) 책임과 죄가 있어 (이유를 알든 모르든, 누군가에게 용서를 구하는지 알든 모르든) 용서를 구해야만 그 존재를 구성할 수 있고, 자신의 존재에서 그를 보존할 수 있고, 생존, 살아-남을 수 있습니다. 그리고 '계속' 존재하기 위해, 존재에서, 그의 존재나 의식의 구성 자체에서 그를 '보존하기 위해', 용서를 전제함으로써만, 아니면 부여되거나 적어도 충분히 약속된 용서를 전제함으로써만 계속 존재할 수 있고 존재를 보존할 수 있고 생-존할 수 있습니다. 그리고 용서와 함께 '존재한다는 과오'에 대한 속죄, 화해, 구원이 찾아올 겁니다. '유대인'이라는 말이 암시하는 것이 이런 주장이 제기하는 많은 문제와 지금 우리가 여기서 다루는 문제와 더불

어 인류 성격의 전형적 사례로 재해석될 때 '존재한다는 과오'
는 유대인의 운명에만 한정된 것은 아닐 겁니다. 만약 존재 자
체가 과오라면, 죄책감은 기원적이며 태어나는 순간부터 이런
죄책감에 묶이게 되고, 태어남이 오염이라면 감히 말하건대
용서, 구원, 속죄는 영원히 불가능하므로 이 모든 경우에 용서
는 한결같이 기대되고 도래할 것이 전제되는 만큼 절망적으로
지연될 수 있습니다. 우리는 모두 장켈레비치가 유대인 문제
로 독일을 두고 말하는 '속죄할 수 없는' 상태에 머물 겁니다.
만약 거기 있는 것이 잘못이라면 단지 죽음과 소멸만이 이 상
태를 끝낼 수 있고, 평안을 가장하거나 배상을 조작하고 불만
이나 고발을 묵살할 수 있습니다. 당연히, 몹시 어렵고 엄청난
문제이므로 '한 번 이상' 다시 다뤄야 합니다. '존재한다는 과
오'의 모든 규정화와 '용서하다'의 기원적 장면의 모든 규정화
는 어떤 관계에 있는지 살펴야 하기 때문입니다. 우선 이러한
규정화 간에, 이를테면 이 구조의 해석과 묘사에서, 헤겔식 규
정, 니체식 규정, 하이데거식 규정 혹은 레비나스식 규정이 어
떤 관계에 있는지 생각해봐야 합니다. 또한, 일반적·보편적 구
조이자 기원적·비-사건적·전-사건적이라고 전제된 이 구조
와 모든 규정된 잘못, 범죄, 교활한 혹은 악의적인 사건, 자신을

고발해야 하고 용서를 구해야 하는 실제 위증이 어떤 관계가 있는지도 생각해봐야 합니다.

다음 쪽, 동일 논리의 흐름에서, 히틀러의 독일을 규정하기 위해서가 아니라 이번에는 나치의 관점에서 인간 존재로서 유대-존재를 규정하기 위해 '속죄할 수 없음'이 사용됩니다. 나치에게 "유대인이라는 죄는 속죄할 수 없다. 아무것도, 참여도 치부致富도 개종도 이 저주를 풀 수 없다."[53]

여기에는 '속죄할 수 없음'이라는 같은 단어가 지탱하고 있는 대립적이고 보완적인 두 가지 작용이 있습니다. [그리고 '속죄할 수 없음'이라는 말의 모든 역사와 죄 갚음의 역사가 여기서 우리를 소환합니다. '속죄하(되)다'는 무엇을 뜻할까요?] 나치가 그들의 희생자, 유대인의 존재를 '속죄할 수 없는' 죄로 다뤘기에(유대인이라는 존재는 용서할 수 없다), 나치가 모든 가능한 용서 너머에서 '속죄할 수 없는' 방식으로 행동한 것 같습니다. '속죄할 수 없음'이라는 표현의 두 가지 경우(유대인과 나치)와

---

53) V. Jankélévitch, *L'imprescriptible*, p. 24. 5 (N.d.É)

그 논리를 고려한다면, 나치는 그들 자신이 저지른 범죄의 희생자들을 '존재한다'는 (속죄할 수 없는) 과오의 죄인으로, 혹은 인간으로 존재한다고 감히 주장하는 죄인으로 다뤘으므로 나치의 범죄가 속죄할 수 없다고 말할 겁니다. 그리고 이런 일은 언제나 인간의 한계, 인간 형상의 한계를 둘러싸고 벌어집니다. 그래서 저는 앞서 '하위-인간'과 '상위 인간'이라는 표현에 주목했습니다. 나치는 자신을 '상위 인간'으로 여겼고 유대인을 '하위-인간'으로 취급했기에, 상위와 하위 양쪽에서 나치는 인간의 한계를 넘어설 수 있다고 믿었기에, 나치는 인류에 대항해 이런 '속죄할 수 없는' 범죄를 저질렀습니다. 다시 말해 나치의 범죄는 사법 전통과 인간의 법 권리, 즉 우리 문제의 지평인 인간의 법 권리에 따르면 시효 없는 범죄입니다.

저는 이 부분을 세미나의 구성 혹은 문제 제기 차원의 두 가지 이유로, 이후로도 한결같이 고려해야 할 것을 오늘 예고하는 두 가지 방식을 위해 강조합니다. 자, 그럼 두 가지 문제를 살펴봅시다.

첫째, 용서는 인간적인 무엇, 인간의 고유한 특성, 인간의 능력일까요? 아니면 신에게만 속한 것일까요? 용서의 경험은 이미 초인간성으로서 초자연적인 것, 즉 신격화된 것, 초월적이거나 내재적인, 거룩하고 성스러운 신성을 향하는 경험 혹은 존재일까요? 아닐까요? 용서에 관한 모든 토론은 또한 이같은 '경계'와 이 경계의 통과에 관한 것입니다. 이 같은 경계의 문제는 단지 우리가 인간이라고 부르는 것과 신적인 것이라고 부르는 것의 사이뿐 아니라 동물이라 부르는 것, 인간과 신성이라고 부르는 것, 그 사이를 관통합니다.

둘째, 방금 말한 이 경계가 다른 여러 경계 중 하나가 아니므로 이 경계에 의존하는 모든 것은 또한 이 경계에 반향을 일으킬 겁니다. 예를 들어, 우리가 오늘 이미 한 번 이상 환기했던 순수한 혹은 무조건적 용서와 이와 비슷하지만 이질적인 사면의 여러 형태, 이 형태 사이에도 이질적이고 용서에도 이질적인 것, 우리가 '해명' '후회' '시효' '특사' 등으로 부르는 많은 형태의 조건적 (따라서 불순한) 혹은 사법-정치적 용서의 차이—혹은 구분—에도 영향을 미칠 겁니다. 우리는 이미 이처럼 무조건적 용서, 절대적 용서, —제가 말하는 절대적 용서는 그리스도적 의미의 사면, 대사부[54]가 아닙니다— 조건적 용

---

54) 大赦符: 라틴어 indulgere, 즉 '동의(부여)하다'에서 온 말로 신의 심판에 대해 죄의 일부 혹은 전부를 면한다는 증서로 흔히 면죄부라고 하지만, 이는 신이 직접 죄를 사한 것이 아니라 교황이나 주교 등 신의 대리자가 일정한 대가를 받고 배부한 것이므로 대리 사면의 의미밖에 없다. 옮긴이.

서를 구분했습니다. 다시 말해 용서의 본질이라는 것이 있다면 이에 대해 생각하게 하는 조건 없이 절대적인 용서, 뉘우침과 용서를 비는 것조차 필요하지 않은 용서와 조건적 —예를 들어 모든 종류의 조건, 심리적·정치적 조건과 특히 (용서는 처벌 영역과 사법 판단력에 연결되므로) 사법적 조건 전체에 속한— 용서입니다. 그런데 조금 전에 우리가 환대에 관해서도 주목했던 것처럼 무조건성과 조건성의 구별은 단순한 대립으로 환원될 수 없이 몹시 복잡하게 얽혀 있습니다. 분명히 무조건과 조건은 정말 절대적으로 '이질적'이어서 경계의 서로 다른 쪽에 있지만, '서로 분리될 수도 없습니다'. 움직임, 무조건적 용서의 추진력에는 실제적·표현적·결정적이 되고자 하는 내부적 열망과 자기를 제한해서 조건성에 귀착하려는 내부적 열망이 있습니다. 이것이 예를 들어 (제가 지금 너무 급하게 이런 말을 하는데), 현상성現象性이나 사법적 조건성 혹은 정치적 조건성을 용서의 내·외부 동력으로 만듭니다 —그리고 이런 점은 이 문제를 쉽지 않게 할 겁니다. '시효 없음'이 '용서할 수 없음'을 의미하는 것이 아니더라도 두 영역 사이의 접촉은 축소할 수 있는 사고事故로 끝나지 않을 겁니다. 이것은 우리가 해야 할 다른 모든 구분에도 마찬가지입니다. 오늘 세미나 덕분에 우리는 이 같은 법 형태 ─근본적으로 '이질적'이면서도 '서로 분리할 수 없는' 두 개념, 즉 증언/증거, 무조건적 환대/조건적 환대 등에 조금 익숙해졌습니다.

우리는 명사인 '용서'가 수행적 문장에 속하는 경우(용서! 너에게 용서를 빌어. 당신에게, 여러분에게 용서를 구합니다)를 살펴보며 이 세미나를 시작했습니다. 불어에서 이 명사는 수행적 언어 행위에서 용서를 빈다는 의미에서도, 허락된 용서에 든 거절된 용서에든 단독으로 사용될 수 없습니다.

실제로 용서하든, 단지 용서의 가능성만을 고려하든 상대가 먼저 용서를 빌어야 하는지, 지은 죄를 자백하거나 회개한 뒤에 용서를 빌어야 하는지도 생각해봐야 합니다. 이런 식으로 용서를 비는 것이 당연한 일도 아니고, 또 처음 잘못을 저질렀다고 해서 너무 쉽게 용서해주는 것도 어쩌면 피해야 할 일이 아닌지 모르겠습니다. 누군가가 스스로 저지른 잘못을 고백하고, 그 잘못을 바로잡아 변상하고자 하고, 용서를 빌려고 그 잘못에서 벗어나려 할 때만 그를 용서한다면, 이런 용서는 용서의 본질을 변질시키는 어떤 계산적인 논리에 휘둘리게 됩니다.

이와 밀접한 관계가 있고, 역시 심각해서 잠정적으로 미뤄

됐던 세 가지 문제가 있는데, 일단 직접 관련된 문제부터 살펴보겠습니다. 예를 들어 누구든 언어 행위로 '용서'라는 수행적 단어를 이미 발음한 순간부터 용서받아야 할 일이 다시 시작되는 것은 아닐까요? 애도의 과정, 구원의 과정, 수시로 형태를 바꾸는 책략의 과정은 언어와 언어의 공유를 매개로(이 문제에 관련해서 헤겔을 다시 읽어야 합니다) 악 자체, '용서'라는 이름에 걸맞은 용서, 유일하면서도 필연적으로 '되풀이될 수 있는'[55] 사건으로서 유일한 용서에 단 하나의 가능한 상관 요소인 악 자체를 단순히 망각하게 하거나 소멸하게 하는 화해를 너무 급히 인정하는 것은 아닐까요? 이처럼 반복이 예정됐고, 모든 용서에 내포된 이 예정으로 무너진 '되풀이될 수 있는' 유일성의 규칙은 가장 역설적인 결과들을 ―적어도 이 규칙이 이런 역설적인 결과들에서 유래하는 것이 아니라면― 만들어냅니

---

55) 국립국어원의 표준사전에 따르면, '반복(反復)'은 "같은 일을 되풀이한다."라는 뜻이며 반복은 "말이나 행동, 일을 이랬다저랬다 하는 것, 혹은 본래 상태로 되돌린다."라는 뜻이다. '되풀이'는 "같은 말이나 일을 반복하는 것, 같은 일이 자꾸 일어나는 것"을 의미한다. 원문에서 répétition이라는 명사를 '반복'으로, itérable이라는 형용사를 '되풀이될 수 있는'으로 옮긴다. 어떤 반응에, 즉 인간, 동물, 기계, 프로그램 등 이들의 어떤 반응과 행동에는 'itération(반복 혹은 자동성, 자동 반복성)'이 포함돼 있다. 그러나 반복적인 행동, 거의 습관처럼 자동으로 되풀이하는 일은 늘 정확하게 똑같이 하는 것이 아니며 같은 결과를 남기지도 않는다. 반복하지만 똑같지 않게 반복하면서 반복 코드를 위반하고 반복하게 하는 법을 위반한다. 'iter'는 어원이 '다른(autre)'을 뜻한다. 이 단어에는 '반복'을 '반복'한다, '반복'을 '되풀이'한다는 뜻이 있다. 옮긴이.

다. 집단적으로 용서를 비는 것이 공동체, 가족, 민족, 종교 집단에 의미 없는 일이라면, 애초부터 집단은 다중적이고, 제삼자이며, 이 일의 증인도 전체가 아니라 일부였을 뿐이라는 사실도 그대로 남아 있습니다. 어쩌면 이런 것들이 신에게 자주 용서를 비는 이유 중 하나이거나 유일한 이유인지도 모르겠습니다. 오직 신에게만 용서할 능력이 있어서가 아니라, 오직 신만이 인간이 다른 방식으로는 접근할 수 없는 용서-할 수 있는-힘을 갖추고 있어서가 아니라, 용서를 구해야 할 대상으로서의 피해자, 심지어 어떨 때는 용서의 요청을 받거나 용서하기 위해 그 자리에 있지조차 않은 피해자의 유일무이성이 존재하지 않기 때문에, 아니면 그 범죄자나 잘못을 저지른 자가 부재하기 때문에, 그리고 신은 '절대적 유일성'이라는 이름으로 부를 수 있는 유일한 존재이기 때문에 우리는 신에게 용서를 빕니다. 이처럼 신은 절대적 대리인의 이름입니다. 절대적 증언자, 절대적 생존 증언자superstes의 이름입니다. 그러나 이와 반대로 만약 용서의 전달(저는 '용서의 전달'이라는 말을 용서를 요청하는 행위, 용서의 요청을 전하는 행위, 그리고 동시에 용서를 비는 상대에게 용서의 요청이 전달되고 나면 이에 동의할 것인지 거절할 것인지 정하는 자리를 가리키는 데 자주 사용합니다), 그러니까 이런 전달이 항상 유일무이하다면, 즉 옳지 않은 일이나 죄과, 범죄, 해악이 유일하고 그 가해자나 피해자가 유일무이하다면, 또한 이런 용서의 전달은 단지 반복을 초래할 뿐 아니라 이 반복을 통해 탈脫 동일시, 분산과 확산을 초래한다는 사실도 인정해야 합니다. 그 모든 방식을 분석해야 할 겁니다.

자 이제, 앞서 말한 유보된 세 가지 문제를 살펴봅시다.

첫째, 제가 어떤 맥락 밖에서 이 '용서'라는 단어를 말하면서 단지 단어, 주제, 문제를 언급하는 것인지, 혹은 (언어 행위 이론의 '언급/사용' 구별에 따라) 단어를 '언급'하는 것이 아니라 '사용'하면서 수행적으로 제가 실제로 여러분께 용서를 구하는 것인지 이해하거나 규정할 수 없는데도, 저는 왜 도입부에서 '용서'라는 단어를 발화하면서 이야기를 시작했을까요? 그것은 단지 제가 여러분께 용서를 구해야 할 많은 이유가 있어서만은 아닙니다. (특히 저는 여러분을 너무 오랫동안 이 자리에 잡아두고 있습니다. 이는 언제나 누군가에게 용서를 구해야 할 첫 번째 잘못입니다. 다른 사람의 관심을 끌고 주의를 붙잡아 둘 이유가 있다고 믿는 것, '내 이야기 좀 들어봐, 네게 용서를 빌어. 잠깐만, 가지 마, 나를 용서해줘. 내게 주의를 좀 기울여 줘, 네게 용서를 빌어.' 이것은 눈물까지 쏟을 수 있는 가증스러운 책략이나 저열하고 우스꽝스러운 거짓 자학이 될 수 있습니다. 여러분은 어떤 사람이 이런 일을 벌이는 상황이 얼마나 성가신지 잘 알고 있습니다. 그래서 화제를 바꾸고 대화를 중단하려고 그를 용서한 척합니다. '알았으니, 날 좀 내버려 둬.[56] 나는 너를 탓하지 않아, 나를 좀 내버려 둬. 좋아, 너를 용서해, 하지만 다시는 너를 보고 싶지 않아… 다른 문제로 바쁘니 이제 넘어가자. 나는 너를 원망할 정도로 너를 진지하게 생각하지 않아').

이런 이유 때문만이 아니라, 저는 어떤 수행遂行을 인용하려고(언급하거나 사용하기 위해서가 아니라 사용법을 말하기 위해) 단어 문제, 말과 동사로서 수행적 단어(용서, 네게-당신에게-여러분에게 용서를 구합니다) 문제에 여러분의 주의를 끌려고 맥락 없이 '용서'라는 단어를 내던지며 이야기를 시작했습니다. 먼저 용서가 요청되기를 기다리고, 기다려야 한다고 믿는 모든 사람처럼 장켈레비치가 기다린 것은 '용서'라는 단어, 동사, 동사적 명사였고("저는 이 편지를 35년간 기다렸습니다." "우리에게 용서를 청했던가?") 첼란의 해석자들에 따르면 첼란이 기다린 것 또한 한 마디였습니다("오늘, 기다림의/ 한 줄,/ 생각하는 이의/ 말/ 마음에/ 도래할"). 용서는 반드시 정해진 어떤 단어-동사를 통해 말해져야 할까요? 단지 말하면서, 다른 사람의 언어

---

56) "Ok, give me a break."

를 공유하면서, 다시 말해 이를 위해 타인과 충분히 동일시하면서, 그리고 용서를 가능하게 하면서 동시에 불가능하게 하는 이 위험과 동일시해야만 용서하거나 용서받을 수 있을까요? 말하지 않는 사람에게는 용서의 경험 자체를 거부해야 할까요? 아니면 침묵도 용서의 요소로 ─그런 것이 있다면─ 간주해야 할까요? 이 질문은 제가 앞서 암시했던 음악의 문제에만 국한된 것이 아닙니다. 동물의 문제이자 소위 '인간 고유성'의 문제─물론 이것도 유일한 문제는 아니지만─에 관련된 것이기도 합니다.

용서는 인간에게 고유한 문제일까요, 아니면 신에게 고유한 문제일까요? 하지만 이런 질문은 우리가 일반적으로 '동물'이라고 부르는 대상을 배제하거나, 짐승의 동물성이나 인간의 동물성 자체를 배제하는 것처럼 보입니다. 우리는 죄의식과 그에 따른 사죄 과정, 나아가 자비를 구하거나 베푸는 과정이 아주 다르게 적용되는 사회성의 여러 형태에서 모든 동물성을 부인하는 태도가 전혀 신중하지 못하다는 사실을 잘 알고 있습니다. 아마도 짐승의 어떤 '자비'가 존재할 겁니다. 우리는 어떤 동물이 전쟁이나 공격성에 대한 비난으로 해석할 수 있는 행위는 물론, 죄의식, 수치심, 난처함, 회개, 처벌에 대한 우려 등을 잘 표현한다는 사실을 더 잘 알게 됐습니다. 저는 여러분이 '자신을 죄인으로 느끼고 있음'을 표현하는 모든 신호, 즉 회한과 회개를 표현하고 이에 대한 판결이나 처벌을 두려워하면서 비난이나 체벌 앞에서 숨거나 오히려 자신을 드러내고 부끄러워하는 '동물들'을 본 적이 있으리라고 확신합니다. 때로 우리는 동물들의 싸움이나 대결이 지나치게 과장된 상징학에서도 화해, 타협, 평화, 빌거나 베푸는 자비의 과정이나 그런 의례를 목격하게 됩니다. 예를 들어 한 동물이 다른 동물의 자비에 맡겨졌을 때, 그 동물은 다른 동물에게 패배를 인정하고 자비를 구하는 표현을 하고, 다른 동물은 평화의 신호와 주권자의 위엄으로 상대 동물의 생명을 보존해주는 데 동의합니다. 어떤 동물은 전쟁을 벌이고, 또 어떤 동물은 평화롭게 살아갑니다. 모두 그런 것도 아니고 언제나 그런 것도 아니지만, 인간도 마찬가지입니다. 따라서 이 모든 것을 포함하고 언어적 표현과 함께 일어나는 다른 모든 상황을 제외하지 말고, 말로 표현된 것-너머의 용서 가능성, 나아가 인간적인 것이 아닌 용서 가능성과 그 필연성을 부인하지 말아야 합니다.

둘째, 형태가 추상적이고 건조하며, 형식이 집요하고 반박 불가능한 아포리아, 용서도 없고, 만약 있다면 그것은 용서 불-가능뿐이라는 이 아포리아의 함정에서 끊임없이 토론해야 합니다. 따라서 '용서'라는 것이 있다면 그것은 가능하지 않고, 용서는 가능성으로 존재하지 않으며 단지 가능성의 법에서 자신을 제외하면서, 이를테면 자신을 불-가능화하면서, 그리고 불가능으로서 불-가능의 무한한 지속에서만 존재할 수 있습니다. 그리고 바로 이것이 용서와 기증의 공통점입니다. 그런데 이 아포리아는 우리 문화에서, 철학과 지식의 우리 문화에서 가능과 불-가능, 가능함과 '할 수 있음'이라고 부르는 것의 역사 자체를 다르게 생각하는 시도를 하라고 종용합니다. 그밖에도 용서와 기증 사이 대칭성이나 유사성을 떠나 불-가능한 용서의 시급성이, 무엇보다도 불-가능의 지속적이지만 의식적이지 않은 경험이 스스로 면죄부를 주는 것은 아닌지 생각해봐야 합니다. 마치 용서가 기증에서 비롯하지도 않았고 이차적 변화나 복잡성과 거리가 먼, 진짜로 처음이자 마지막 진실인 것처럼 말입니다. 여러분은 이것이 불가능한 기증의 불가능한 진실 같은 용서, 기증 앞의 용서, 이 불-가능 앞, 그리고 바로-이-불-가능의 불가능 앞의 또 다른 것, 또 다른 불-가능, 여기-이-담론은 또한 용서와 이 용서에 붙은 말 '불(不 혹은 비非)'에 대한 사유, 그 자체로 부정도 아니고 부정이 아닌

것도 아니고 변증법도 아닌 불不-가능可能의 '불不'에 대한 사유라는 사실을 이제 이해하셨을 겁니다. 이 모든 질문의 쟁점은 바로 모든 유럽 언어에서(그리스어, 라틴어, 독일어, 영어 등) '가능'의 철학사, 힘, 권력, 그리고 특히 '나는 할 수 있다'와 자아성自我性의 모든 철학사에 있습니다.

셋째, 저는 이제 (이 세미나의 제목으로 제안된) 용서와 위증의 결합을 정당화하는 설명을 해야 합니다. 용서/위증(Pardon/Parjure). 여러분이 상상할 수 있듯이, 제가 이 두 명사를 제목으로 함께 묶었다면, 안드로마크[57]("위증할 운명을 걸머진 모든 이름을 주세요." IV, 5)에 화답하거나, 프랑시스 퐁주라는 시인이 말했듯이 "파르par라는 음절 '로'par 시작되는 이 단어들" 때문도 아닙니다 ―저는 여기서 퐁주의 「파블Fable」을 패러디하고 있습니다("'par'라는 단어 '로'par 시작하는 이 텍스트/ 그 첫 줄이 진실을 말한다"). 그러나 '파블'은 용서의 장과 무관하지 않아 보입니다. '파블'은 한편으로 어떤 판결의 주위를 맴돌면서 다른 한편으로 거울의 파손, 반사적 동일시의 중단된 지점 주위

---

57) Andromaque: 장 밥티스트 라신(Jean Baptiste Racine)이 쓴 비극 제목. 안드로마크는 트로이 전쟁 중 죽은 헥토르의 아내로 전쟁 후 포로가 된다. 옮긴이.

를 맴돌기 때문입니다. 인용하겠습니다.[58]

par라는 단어로par 시작하다 그러니까 이 텍스트

그 첫 번째 줄이 진실을 말하는

그러나 서로 포개진 거울 뒷면의 반사벽

그것은 관용될 수 있을까?

독자여 벌써 너는 판단한다

거기 우리의 어려움…

7년의 불행 '이후에'

파블은 그의 거울을 깼노라[59]

58) Francis Ponge, «Fable(파블)», *Proêmes*(서언), dans Bernard beugnot(éd), *Œuvre complètes*, t. 1, Paris, Gallimard, coll. «Bibliothèque de la Pléiade», 1999, p. 176 (NdÉ).] 저는 이 시에 관한 한 독해를 『정신(혹은 프시케). 타인의 발명(*Psyché. Invention de l'autre*)』의 첫 텍스트에서 제안한 바 있습니다(Psyché, Invention de l'autres t. I. nouv.éd. augmentée, Paris, Galilée, 1998, p.17 sq).

59) 「파블(Fable)」은 본문에 인용된 것처럼 제목을 제외하고 6줄과 (여기서 데리다는 괄호 없이 인용하고 있지만) 괄호 안의 두 줄이 전부인 짧은 시로, 그 자체로는 문법적 파괴를 품고 있지 않으나 어떤 대립, 예를 들면 말하다/하다, 진술적/수행적 같은 통상적 대립을 해체하고 이질적 요소들을 한데 모으고 있다. 실제로 어떤 글의 첫 문장이 시작되기 전에는 어떤 이야기도 존재하지 않는다. 이야기가 시작돼도 첫 문장 이전 것에 관해 말하지 않는다. 시는 어떤 사건처럼 자기를 읽을거리로 주고, 자기를 이야기하고, 자기를 생산하면서 하나의 텍스트로 구축된다. 이야기는 이처럼 자신의 '자아성'에서만 전개된다. 다시 말해 시 「파블」의 불행은 자신에 관해서만 말한다는 것, 자신의 메아리일 수밖에 없다는 것, 반사적 게임에 영원히 포획됐다는 것이다. 나 혹은 이야기가 말하는 순간, 나는 내 안의 말을 애도한다. 결국 불완전한 거울은 깨져버린다. 이 사건 이

판관의 자격으로 갑자기 소환된 독자("너는 판단한다." 수행적이자 진술적입니다)에게 용서가 요청됩니다. 그리고 이것이 아마도 모든 글쓰기와 글 읽기 장의 진실로서 텍스트가 말하는 진실, 즉 고백하면서 독자들에게 용서를 구하라는 뜻인 것 같습니다. 우리는 언제나 고백하기 위해 쓰고, 언제나 용서를 구하기 위해 씁니다. 사실상 이것은 제 경우인데, 이렇게 말한 것을 용서해주세요. 어쩌면 우리는 언제나 용서받기 위해 가르치는지도 모릅니다(저는 아마도 이런 이유로 더는 이 세미나의 제목을 이 제목이 지속되도록 정해진 시간, 이 세미나 동안, 그동안은 변경하지 않을 겁니다). 따라서 제가 용서pardon를 위증parjure과 연결했다면, 그것은 단순히 '파르par⋯'로'par 시작하는 단어들로 시작하기 위해서가 아니었습니다. 나중에 이 문제를 다시 다루기 전에, 아직 잘 정리되지 않았지만 여기서 먼저 그 이유를 말하겠습니다. 그리고 그 개요의 두 가지 윤곽을 그려

후, 시는 영원한 자아에 관한 준거성에는 어쩌면 타자의 준거가 있을지도 모른다고 말한다. 지어낸 이야기가 더는 거울의 뒷면, 주석(柱石)을 참지 못한다면, 즉 거울이 깨진다면, 언어의 법 자체로 시작 행위이자 자료 구축인 언어의 법에 복종하기 위해서이다. 이같이 이질적인 언어의 진술적, 수행적 기능은 서로 혼동된다. 그런데 이런 일은 실은, 첫 문장 이전에 이미 시작됐다. 제목, 파블 즉, 꾸며낸 이야기는 거울의 다른 면을 통과하는 말의 비유로 읽힌다. 이야기는 자신만을 이야기하고, 우리는 우리만을 이야기하지만, 실은 타인과 타자, 내 안의 내가 아닌 누군가에 관해서만 말한다. 아니, 말할 수 있다. 옮긴이.

보겠습니다.

첫째, 모든 잘못이나 범죄, 용서하거나 용서받아야 할 모든 일은 위증이거나 위증이 전제됩니다. 모든 잘못이나 악은 우선 위증입니다. 다시 말해 존중을 다짐한 법 앞에서, 존중이 전제된 법 앞에서 저지른 (암시적이든 명시적이든) 약속의 불이행, 실천 약속의 위반, 책임의 불이행입니다. 용서는 항상 위증과 연관됩니다. 우리는 신념과 맹세, 공모 등에 관한 위증, 공공연한 포기, 불이행 등이 과연 무엇인지 생각해봐야 합니다. 따라서 무엇보다도 '다짐하다', '맹세하다', '약속하다' 등의 의미를 짚어봐야 합니다.

둘째, 만약 이런 것이 가능하다면, 더 큰 아포리아, 더 심한 불가능이 되겠습니다. 위증은 사고事故, 즉 뜻밖에 일어난 불행이 아닙니다. 그것은 선행된 약속이나 맹세에 갑자기 일어나거나 일어나지 않은 사건이 아닙니다. 위증은 그 운명으로 필연성이자 설명할 수 없는 숙명으로 이미 약속과 맹세의 구조, 명예의 말, 정의, 정의를 향한 욕구에 포함돼 있습니다. 맹세가 이미 위증인 것(그리스인들은 이것을 꿰뚫어 보았습니다)과 마찬가지입니다. 저는 이미 이에 관해 레비나스의 여정에 관해서,

그 여정을 위험하고 복잡하게 하면서도 말한 바 있습니다.[60]

위증은 대면에서, 두 사람 이상이 있을 때 정의正義와 법의 문제가 등장할 때부터 존재합니다. 처음부터 레비나스는 이 점을 인정합니다. '법'과 '셋'이 있으면 거기에는 이미 위증이 있습니다. 첫 대면부터, 첫 시선 교환부터, 보고 보이는 시선의 첫 교환에서부터 최소한 셋이 있습니다. 대면은 제삼자에 의해 중단되는 동시에 가능해집니다. 따라서 정의 자체가 내게 위증하게 하고, 내게 용서의 장으로 들어가기를 촉구합니다.

나는 용서를 구해야 합니다. 정당해지기 '위해'. 여기서 '위해'라는 말의 모호성을 잘 이해해주십시오.

정당하려고, 정당하기 '위해', 정당해질 목적으로 나는 용서를 구해야 합니다. 그러나 또한 나는 정당하므로, 정당하기 위해 나는 부당하고 배신하므로, 정당하기 위해, 정당하다는 사실을 위해 나는 용서를 구해야합니다. 나는 정당해지기 (정당하다는 사실을) 위해 용서를 구해야 합니다. 정당해지는 일은 부당하기 때문입니다. 정당해지기 위해 나는 언제나 누군가를 배신합니다. 나는 언제나 하나를 위해 다른 하나를 배신하

60) J. Derrida, *Adieu - à Emmanuel Lévinas*(아듀, 에마뉘엘 레비나스), Paris, Galilée, 1997.

고 마치 숨 쉬듯이 위증을 거듭합니다. 그리고 여기에는 끝이 없습니다. 단지 위증을 위해 내가 항상 용서를 구할 뿐 아니라, 나는 용서하면서 언제나 위증할 위험을 무릅쓰고, 용서하면서 배신할 위험을 무릅쓰기 때문입니다. 우리는 항상 (따라서, 지나치게) 한 타인의 이름으로 용서할 운명에 놓였기때문입니다.

용서! 감사하지도 않고 여러분의 시간을 이토록 오래 빼앗은 저를 용서해주세요. 감사합니다.

그런데 말입니다, '감사'라고 말할 때, '나는 네가 내게 준 것을 위해 네게 고마워. 그래서 감사하는 마음으로 인정해, '고마워.' 라고 말하는 것일까요? 아니면, '나는 네게 '감사(혹은 자비)'를 요청해. '무자비(merciless)하지 말기'를 네게 부탁해. 네가 내게 준 것을 위해 용서를 빌어. 네가 베푼 은혜를 위해 나는 네게 은혜를 베풀어. 내가 다시 네게 주기를 바라는 것을 위해 용서를 빌어.' 등의 의미에서 '감사'일까요? 오늘 시작할 때처럼 지금 결론짓기 위해 제가 여러분에게 '용서, 감사'라는 말을 할 때 여러분은 아마도 제가 여러분에게 말한 의미를 절대 모르실 것 같습니다.

시작에는 '용서'와 '감사'라는 단어가 있었을 겁니다.

용서 불-가능

"시작에는 '용서'와 '감사'라는 단어가 있었을 겁니다".

한편으로, 퐁주의 시가 연상된다.

환기하자면, 세미나이자 강연이기도 했던 데리다의 이 글은 어떤 문장에도 속하지 않은 한 마디, 다시 말해 어떤 맥락에도 있지 않았던 '용서'라는 단어로 시작된다. 글의 마무리 부분에서 데리다는 다시 이 단어를 언급하는데, 이번에는 다른 단어, '감사'와 조합한다. 용서와 감사, 이 두 단어의 조합은 별로 이상하지 않고 오히려 자연스럽게 들린다. 그런데 데리다는 '용서'라는 한 마디로 시작하면서 그랬듯이 마무리하면서도 (적어도 불어에서는) 습관적으로 사용하는 이 말, '감사'(혹은 '용서'), 따라서 별다른 '인식 없이', 아니 거의 '무의식적으로' 사용하는 이 말을 갑자기 낯설게 만든다. 이 단어가 인식된다. 동시에 시작하면서부터 차근히 낯설게 해온 '용서', 더불어 이 글에서 다뤘던 그 많은 문제 혹은 '문제 아닌 문제', 아포리아와 중첩시킨다(사실, 자비, 감사의 문제도 이 글에 포함돼 있다). 마무리가 아니라 꼭 또 다른 시작 같다. 이렇게 시작과 끝은 '용서'와 '감사'라는 '습관적인' 한 마디로 서로 얽힌다. 두 단어는 각각 습관적으로 사용될 뿐 아니라, '용서와 감사'를 함께 들어도 이상하지 않은, 아니 '익숙한' 어떤 관계에 있었는데 이 관계성이 불현듯 의심스러워진다. 이렇게, 이 말들, 이들 각각의 사용과 역사 등은 물론, 이 관계의 그것 또한 어쩌면 벌써 '해체'되기 시작했는지도 모른다. 시작과 끝처럼, 혹은 비슷함이나 반대, 대립이나 동일성 등의 어떤 구분법 혹은 이분법도.

이 글이 2년에 걸쳐 진행된 데리다의 고등사회연구원 세미나 '용서와 위증' 첫해 세미나의 한 부분이라면, 데리다가 이 글에서 다루게 되리라 언급했던 '진실과 화해 위원회'에 관한 분석은 이 세미나의 두 번째 해(1998-99)의 초반부를 차지한다. 이 글이 세미나이자 1997년 크라쿠프 대학, 바르샤바 대학, 아테나 대학, 1998년 남아프리카 공화국의 케이프타운, 웨스턴 케이프 대학과 예루살렘 대학의 강연이기도 했다면, 두 번째 해 세미나의 일부는 2004년, 리우데자네이루에서 '용서,

진실, 화해. 어떤 장르인가?'라는 제목의 강연이었다.[61] 이 강연의 중대한 주제 중의 하나는 화해와 용서를 구분하는 것이다. 데리다는 '진실과 화해 위원회'를 통해 이를 시도한다. 헤겔의 『정신현상학』에서 화해는 특히 중요한 주제다. (위험을 무릅쓰고) 간단히 말해, 마치 타인에게 건네진 화해라는 말을 통해 정신이 그곳에 있는 존재, 현존재에서 확인되는 것 같다. 만약 자기현존으로서 정신의 도래가 화해 단계를 통해 드러난다면, 지울 수 없는 모욕, 소멸하지 않는 고통, 말할 수 없는 트라우마가 있었기 때문이다. 데리다는 이런 헤겔의 직·간접적 영향을 남아프리카 공화국 대통령에 선출된 넬슨 만델라와 그의 취임 후 결성된 '진실과 화해 위원회' 의장을 지낸 데즈문트 투투에게서 확인한다. 미묘하면서도 근본적인 두 사람의 관점 차이에도 불구하고 근본적인 공통점이 있다. 그것은 모든 사건, 모든 역사는 고문, 살인, 실수, 범죄, 손해, 모독, 차별 등에

---

61) 이 강연은 동일한 제목, 『생존자들의 연대와 용서(*La solidarité des vivants et le pardon*)』(Paris, Hermann, 2016)로 출간됐다. 이 책은 데리다의 학생이었고 작가이자 브라질의 주이스지포라 연방대학(Federal University of Juiz de Fora)의 교수인 에반도 나시멘토(Evando Nascimento)가 쓴 서론과 그가 데리다와 나눈 두 개의 대담으로 구성돼 있다. 데리다의 이 강연은 에반도 나시멘토가 2004년 8월 기획한 데리다의 사유에 대한 콜로키엄에서 이뤄졌다. 즉, 데리다의 마지막 강연이 된다(그는 같은 해 10월 세상을 떠난다).

서 생긴 트라우마뿐 아니라 부정적인 과거에서 구제돼 평안을 향해 열린 고백, 화해, 사면, 속죄로서의 용서에서 출발한다는 관점의 토대이다. 이처럼 그리스도적이자 변증법적인 용서의 개념은 이를테면 모든 잘못한 (혹은 잘못된) 증언, 위증의 가능성을 부인한다. 진실은 승리할 것이 분명하다.[62] 결국, 용서를 통해 화해에 이르는 보편적 평화와 행복, 안녕의 역사가 미래 전망이다. 이런 목적에서 과거를 정리할 시한, 이미 지나간 일인데도 여전히 현재를 괴롭히며 떠나지 않고 미래의 발목을 잡는 과거가 종결되는 시한이 '진실과 화해 위원회'에 의해 정해진다. 이 정해진 시한에 모든 과오가 드러나야 하고, 다시 말해 자백돼야 하고, 죄지은 이들은 용서를 구하며 속죄해야 하고, 이에 부응해 화해를 목적으로 죄는 용서돼야 한다. 이것이 보편적 평안의 역사를 위한 유일한 용서의 길이다. 시효 없음이 용서할 수 없음이 아니라면, 용서도 화해가 아니다. 데리다는 이런 구분을 '진실과 화해 위원회'의 경우를 통해 드러내려한다.[63]

---

62) 특히 아렌트의 이런 관점에 대한 비판, 꺾이지 않는 진실의 승리를 낙관하고 증언하는 그녀의 사유 부재를 비판한 데리다의 『거짓말의 역사(*Histoire du mensonge*)』(Paris, Galilée, 2012, 이숲, 2019)를 참고할 수 있다.

63) 진실과 화해 위원회의 모순이 가장 많이 드러나는 경우는 여성뿐 아니라 남성도 그

따라서 용서라는 것이 정말 있다면, 용서할 수 있는 일을 용서하는 것이 아니라 용서할 수 없는 것, '불-가능'을 실현하는 것이라는 말은 화해를 목적으로 용서할 수 없는 일을 용서해야 한다는 뜻일 수 없다. 용서의 궁극적 윤리가 지향하는 바, 궁극적 용서의 무조건성은 사법 영역에 이질적인 만큼, 정치적 계산이 없을 수 없는 '화해의 이름'으로 구성되는 모든 담론과 제도에 이질적이다.

달리 말해, 할 수 있는 일을 하는 것은 엄밀한 의미에서 무언가를 하는 것이 아니다. 즉, 불가능을 해야 한다. 이런 의미에서 데리다가 자주 사용하는 표현 '~해야 한다il faut'를 이해해야 한다. 1975-76년 파리 고등사범학교 세미나[64]에서 데리다는 "faut le faire(그것을 해야 한다/행하기를 해야 한다)."라는 '지극히 불어적 (관용적idiomatique)' 표현을 길잡이 삼아 이 표현의 모든 자원을 동원해 '이론과 실천'의 관계를 분석한다. "faut le faire"를 잘 이해하려면 'faut'에 주의를 기울여야 한다. 'faut'는 'falloir(필요하다, 할 필요가 있다, 해야만 한다)'와 'faillir(~뻔

---

64) 데리다, 『이론과 실천, 1975-1976년 파리 고등사범학교 강의(*Théorie et pratique. Cours de l'ENS-Ulm 1975-1976*)』(Paris, Galilée, 2017).

하다, 약속 등을 어기다, 결핍 혹은 쇠퇴하다)'라는 두 동사의 3인 칭 단수형이다. 이 표현은 한편으로 실천의 필요성, 즉 성찰·사유와 토론 등에서 ~하기, 참여하기, 행동하기로 이행의 필요성을 강조한다. 그러나 다른 한편으로 실천의 이론의 규정이 아니라 혁명적 실천의 규정과 관련된다. 다시 말해 실천이 혁명성을 품기 위해서는 이론과 실천의 대립을 해체하면서 그러한 자기에서 출발해 자기를 재-규정해야 한다.

옮긴이로서 데리다의 이 글 『용서하다. 용서할 수 없음과 시효 없음』이 '용서-하다'와 '불-가능(을 행)하다'를 생각해보는 길잡이가 되기 바라는 마음으로 위와 같은 말들을 덧붙이며 모든 독자를 '불-가능(을 행)하다'로 초대한다.

용서하다

1판 1쇄 발행일 2019년 3월 1일
1판 3쇄 발행일 2023년 6월 1일

글쓴이 | 자크 데리다
옮긴이 | 배지선
편집주간 | 이나무
펴낸이 | 김문영
펴낸곳 | 이숲
등록 | 2008년 3월 28일 제301-2008-086호
주소 | 경기도 파주시 책향기로 320, 2-206
전화 | 031-947-5580
팩스 | 02-6442-5581
홈페이지 | http://www.esoope.com
페이스북 | http://www.facebook.com/EsoopPublishing
Email | esoope@naver.com
ISBN | 979-11-86921-67-8 03160
ⓒ 이숲, 2019, printed in Korea.